CATALOGUE

DE LA

BIBLIOTHÈQUE PUBLIQUE

DE LA

VILLE DE SAINT-POL

(PAS-DE-CALAIS.)

DRESSÉ EN 1867 SOUS LES AUSPICES DU CONSEIL D'ADMINISTRATION.

❦

SAINT-POL,

IMPRIMERIE DE F. BECQUART,

Rue de Béthune, n° 11.

—

1867.

CONSEIL D'ADMINISTRATION :

MM. **GRAUX**, Maire, membre du Conseil Général, Chevalier de la Légion-d'Honneur, *Président ;*

DANVIN, Docteur en médecine, Chevalier de la Légion-d'Honneur, *Vice-Président ;*

LEFEBVRE, Avocat, membre du Conseil Municipal ;

LAVOISNE, ancien Maire, membre du Conseil Municipal ;

LAMBERT (N.), Greffier du Tribunal, membre du Conseil Municipal ;

COFFIN, Juge-de-Paix du canton ;

DANVIN, notaire, Conseiller d'arrondissement et membre du Conseil Municipal ;

BELLENGUEZ, Avoué près le Tribunal, membre du Conseil Municipal.

Bibliothécaire : **M. FLAHAUT.**

Ville de SAINT-POL (Pas-de-Calais).

FONDATION

D'UNE

BIBLIOTHÈQUE ET D'UN MUSÉE.

(1837.)

Sous le patronage de M. le Maire, une Société pour la création d'une Bibliothèque et d'un Musée est fondée à Saint-Pol (1).

Son but est, en cherchant à arracher à la mutilation des hommes ou à la destruction du temps, une foule d'objets précieux à quelque titre que ce soit, de rassembler, d'étudier et de classer méthodiquement :

1° Toutes les richesses matérielles historiques que renferme l'ancien comté ou l'arrondissement de Saint-Pol, les objets d'art, les curiosités qu'il serait possible de découvrir;

2° Tous les objets de géologie, de minéralogie, etc., qui peuvent éclairer sur la valeur scientifique du sol, et sur les richesses minérales ou autres qu'il pourrait contenir;

3° Les éléments d'une FLORE ou d'une FAUNE de l'arrondissement;

4° Les monnaies et médailles frappées dans l'ancien comté de Saint-Pol en particulier, toutes les pièces portant les armoiries de l'ancienne noblesse d'Artois, toutes celles destinées à transmettre des faits accomplis

---

(1) L'initiative de cette double création est due à la Société fondatrice du *Puits artésien*, revue du Pas-de-Calais, qui se composait de MM. le Dr B. Danvin, Genelle, avocat, Seiter, chef de l'institution communale, Danvin, notaire, Graux, avocat, P. Cressent, avocat, Th. Danvin, clerc de notaire et Th. Massias, imprimeur.

dans la contrée, et en général tout ce qui peut intéresser la numismatique.

Indépendamment de ce but de collection, la Société se donne encore la mission de dresser un inventaire et une histoire de tous les monuments du comté et de l'arrondissement de Saint-Pol; des différents objets d'art ou autres qui ne pourraient être acquis ou déposés au Musée, avec l'indication des principaux souvenirs qui s'y rattachent, des possesseurs qui les ont entre les mains, et une description la plus exacte possible de leur état présent. Enfin on s'efforcera de dresser les éléments d'une table météorologique avec l'indication précise du règne des vents dans la contrée, de l'apparition des orages, des aurores boréales, etc.; de l'ascension du mercure dans le baromètre, de la quantité de pluie qui tombe annuellement et mensuellement, etc., etc., dans le but de fournir des renseignements qui seront un jour utiles à l'agriculture.

Pour la Bibliothèque, la Société essaiera de rassembler :

1° Tous les documents relatifs à l'Artois et au Pas-de-Calais en général, au Comté, à l'arrondissement et à la ville de Saint-Pol en particulier;

Ces documents devront comprendre, outre les imprimés, des manuscrits, des autographes d'auteurs, des chartes, des chroniques, des légendes, des archives, etc.; des cartes, des plans, des vues, etc.; des portraits d'hommes célèbres du pays, etc.;

2° Les différents écrits sur quelque sujet que ce soit, émanant des auteurs nés dans l'arrondissement ou l'ancien comté de Saint-Pol ;

3° Des ouvrages d'histoire générale, d'histoire de France, d'histoire locale, etc., des livres de science, de philosophie, de littérature, des traités concernant les beaux-arts, les arts et métiers, etc.;

4° Des ouvrages religieux et des traités de morale;

5° Des dictionnaires de toute espèce ;

6° Et généralement tous les livres qui peuvent intéresser ou instruire.

Pour arriver à la réalisation de ces entreprises utiles, et qui doivent si puissamment contribuer à l'importance de la cité et à l'honneur de l'arrondissement, la Société du Musée et de la Bibliothèque, avec le concours de son Président et des autorités qu'elle comptera parmi ses membres, fera un appel au patriotisme et à la générosité de tous les hommes qui ont à cœur non-seulement les intérêts de la ville, mais aussi la prospérité, l'instruction et la moralisation du pays.

Elle s'adressera encore aux libéralités éclairées du Conseil municipal pour obtenir de lui le vote des fonds nécessaires à l'établissement d'une Bibliothèque et d'un Musée.

STATUTS DE LA SOCIÉTÉ.

ARTICLE 1er.

La Société est composée de deux catégories de membres dont le nombre est d'ailleurs illimité : de membres résidents et de membres correspondants, se rangeant en deux classes, 1° celle des fondateurs, 2° celle de simples bienfaiteurs ou donateurs.

ARTICLE 2.

Tous les membres résidents ou correspondants qui, par des dons, par des travaux spéciaux ou des renseignements précieux, auront, avant l'ouverture de l'établissement ou pendant les six mois qui la suivront, rendu des services directs à la Bibliothèque et au Musée, en seront considérés comme les fondateurs et leurs noms seront inscrits avec cette qualification sur un tableau général dressé *ad hoc* et affiché dans la salle de la Bibliothèque et du Musée.

ARTICLE 3.

Sont membres de droit de la Société tous les membres du Conseil municipal de la ville de Saint-Pol, le Sous-Préfet de l'arrondissement, le Président du tribunal, le Procureur impérial, le curé grand Doyen ; et, en dehors de la ville, les membres du Conseil général appartenant à l'arrondissement, les membres du Conseil d'arrondissement, le Député, les Doyens, les juges-de-paix et les Maires des chefs-lieux de canton.

ARTICLE 4.

En dehors des membres désignés en l'article précédent, nul ne pourra faire partie de la Société, sans avoir fait préalablement un ou plusieurs dons au Musée ou à la Bibliothèque.

ARTICLE 5.

Tous les dons faits au Musée ou à la Bibliothèque n'entraînent cependant pas le titre de membre de la Société, qui ne sera accordé que de l'avis du Conseil d'administration.

ARTICLE 6.

Le Conseil d'administration se compose 1° du Maire, Président-né; 2° d'un Vice-Président, directeur ; 3° d'un Conservateur-archiviste; 4° d'un Secrétaire; 5° d'un Trésorier; 6° de trois autres membres délibérants.

ARTICLE 7.

Le Conseil d'administration devra s'occuper de la surveillance, du classement, de l'inscription au Catalogue des divers objets et ouvrages dont s'enrichiront successivement le Musée et la Bibliothèque, de dresser la liste des objets à rechercher ou à acquérir, des livres à acheter, en un mot de pourvoir à l'ordre général des dépenses.

ARTICLE 8.

A l'exception du Maire, les membres du Conseil ci-dessus désignés sont nommés par le Maire sur la présentation d'une liste de trois membres dressée par le Conseil d'administration.

ARTICLE 9.

Le nom des fondateurs, des membres correspondants, des membres de droit et des donateurs sera inscrit, suivant la série à laquelle ils appartiendront, sur une liste générale dressée à ce sujet. Cette liste sera affichée dans la salle du Musée et dans celle de la Bibliothèque, et en ce qui concerne les donateurs en particulier, en regard de leurs noms, seront mentionnés les objets principaux dont ils auront fait l'offrande.

ARTICLE 10.

La Société ne pourra aliéner ou proposer l'échange d'objets qu'elle aurait en double, que de l'avis du Conseil d'administration, et après en avoir informé le donateur. Dans ce cas, les objets ou les ouvrages provenant de l'échange seront considérés comme offerts par la personne qui aurait donné la pièce aliénée ou troquée.

ARTICLE 11.

Tout membre de la Société résidant ou correspondant, peut fréquenter tous les jours le Musée et la Bibliothèque. Les étrangers, quand ils sont conduits par les membres de l'Association, y peuvent entrer avec eux.

ARTICLE 12.

Sous quelque prétexte que ce soit, aucun objet ne pourra être enlevé de la salle du Musée; aucun livre ou papier ne pourra l'être de la Bibliothèque.

Néanmoins des livres pourront être prêtés par le Bibliothécaire pour un délai de quinze jours au plus, sur récépissé de la part du lecteur:

1° Au Maire, à ses Adjoints et aux membres du Conseil municipal;

2° Au Directeur, aux administrateurs de l'établissement et aux fondateurs habitant la ville;

3° A M. le Sous-Préfet de Saint-Pol;

4° Au Conseiller général et aux Conseillers d'arrondissement habitant la ville;

5° Aux Magistrats de l'ordre judiciaire;

6° Aux Membres du clergé;

7° Au Principal du Collège et à ses Régents;

8° Au Receveur des Finances et au Percepteur;

9° Au Conservateur des hypothèques et au receveur de l'Enregistrement.

De plus, le Maire et le Directeur pourront, après s'être concertés, désigner nominativement, en dehors de ces catégories, les personnes aux-quelles le Bibliothécaire pourra confier des livres.

Sous aucun prétexte, les manuscrits, les livres originaux, précieux et rares, les livres à estampes, gravures ou iconographies, ne pourront sortir de l'Etablissement sans une autorisation expresse et formelle de M. le Maire et du Directeur.

Les livres prêtés ne le seront jamais qu'un à un, sans qu'il soit permis d'en confier plusieurs à la fois à la même personne, à moins d'autorisation expresse du Maire et du Directeur, signée de ces deux dignitaires.

Ne peuvent être prêtés ni sortir de l'Etablissement : 1° les diction-naires ; 2° les cartes, plans et vues, les estampes, les gravures, 3° les li-vraisons d'ouvrages non rassemblées par le brochage ou la reliure, les manuscrits et catalogues.

Tout livre confié à un lecteur des catégories établies plus haut, doit rester dans les mains du lecteur à qui il a été remis. S'il était reconnu que ce lecteur eût prêté le livre à une autre personne, sa radiation de la liste des lecteurs privilégiés aurait lieu *ipso facto*.

Le récépissé du lecteur sera constaté par sa signature, donnée sur un registre spécial tenu par le Bibliothécaire, en regard de la mention du prêt et de la reconnaissance de l'état matériel du livre lors de sa remise faite par le Bibliothécaire. L'état du livre sera également constaté par le Bibliothécaire quand il sera rendu.

Si un livre a été détérioré, le Bibliothécaire en avisera le Conserva-teur. Le lecteur qui l'aura détérioré sera tenu de le remplacer. Le Con-servateur sera juge des cas où la responsabilité du lecteur sera engagée par l'état dans lequel il rendra le livre.

S'il décide que le livre doit être remplacé, le lecteur ne sera pas ad-mis à un nouveau prêt jusqu'à ce qu'il ait exécuté la décision, sans pré-judice des réparations de droit commun.

Il ne pourra être prêté des livres, et il ne pourra en être rapporté qu'aux jours et heures où l'établissement est ouvert au public.

ARTICLE 13.

Le Maire Président, et le Directeur Vice-Président du Conseil d'administration, accordent concurremment les entrées de faveur pour la lecture des livres ou l'étude des objets. Il est entendu que cette entrée de faveur ne concerne que les étrangers à la Société qui voudraient étudier, et aux mains desquels les livres, médailles, etc., devraient être remis. Dans ce cas, l'étranger ou l'étudiant ne pourrait quitter la salle qu'après avoir fait constater la remise des objets ou des livres à lui confiés.

Article 14.

Le Conseil d'administration et la Société se réunissent sur la convocation du Président ou du Vice-Président.

Article 15.

Il appartient à l'autorité municipale exclusivement d'ouvrir ou de fermer au public le Musée et la Bibliothèque.

Article 16.

Aucune modification ne pourra être apportée au présent Réglement que de l'avis du Conseil d'administration.

Article 17.

En cas de nécessité pour l'acquisition d'objets ou de livres, un appel pourra être fait à la Société dans le but de pourvoir à la dépense.

RÉGLEMENT DE L'ADMINISTRATION

Pour la police de la salle de Musée et de la Bibliothèque.

Article 1er.

Le Musée et la Bibliothèque seront ouverts au public les dimanche et jeudi de chaque semaine, savoir : le dimanche de trois à six heures de l'après-midi, et le jeudi de six à neuf heures du soir.

ARTICLE 2.

Les enfants au-dessous de douze ans ne pourront être admis, s'ils ne sont accompagnés de leurs parents ou de leurs maîtres.

ARTICLE 3.

Pour les Membres fondateurs, l'Etablissement est ouvert tous les jours, depuis huit heures du matin jusqu'à la chute du jour. Jusqu'à nouvel ordre la salle ne sera chauffée et éclairée qu'aux jours d'ouverture.

ARTICLE 4.

Tout en ayant le droit de conduire des étrangers et des visiteurs dans l'Etablissement, chaque membre fondateur ne peut cependant point remettre aux mains des personnes qui l'accompagnent, aucun objet ni ouvrage.

Les infractions à cet article pèseraient sur la responsabilité du fondateur, et si quelque objet ou quelque livre était endommagé ou soustrait, celui-ci perdrait ses entrées de faveur accordées en vertu de l'article 11 des statuts de la Société.

ARTICLE 5.

Chaque fondateur ou lecteur autorisé, conformément à l'article 13 des statuts ne pourra, en l'absence du Bibliothécaire, prendre les livres dont il désirerait avoir communication qu'en présence du concierge qui en constatera le titre et le nombre. Le fondateur ou l'étudiant ne pourra sortir qu'en effectuant la remise des ouvrages laissés à sa disposition.

ARTICLE 6.

Le fondateur ou étudiant qui aurait obtenu l'autorisation dont il est parlé en l'article précédent, sera tenu d'inscrire son nom sur un registre *ad hoc,* et de signaler les ouvrages dont il se sera servi, afin qu'on puisse vérifier si par sa négligence, l'ouvrage à lui confié n'a point été endommagé.

ARTICLE 7.

Avant de quitter la salle, tout ce qui aurait été déplacé pour le besoin de l'étude, devra être déposé sur la table, avec ordre et avec soin.

ARTICLE 8.

Il est recommandé de ne point quitter l'Etablissement quand on est seul ou qu'on sort le dernier, sans prévenir de son départ le concierge qui a la clef de la salle. Dans le cas où cette négligence aurait lieu, la personne qui l'aurait commise serait passible des inconvénients qui pourraient en résulter.

ARTICLE 9.

Aux jours d'ouverture publique le Bibliothécaire seul donne les ouvrages qui lui sont demandés pour l'étude. Mais avant de quitter la salle, tout lecteur devra remettre le livre ou l'ouvrage à lui confié, au Bibliothécaire lui-même, qui sera tenu d'en constater l'intégrité.

ARTICLE 10.

Il est défendu d'écrire, de dessiner à la plume ou au crayon, soit dans les interlignes, soit sur les marges, soit dans le blanc des pages et aussi de plier les feuillets pour faire des remarques ou autrement.

ARTICLE 11.

Les objets composant le Musée ne pourront être livrés aux mains des amateurs que d'après une autorisation formelle de M. le Maire ou du Directeur ou d'un Administrateur de l'Etablissement, en cas d'absence de l'un et de l'autre.

ARTICLE 12.

Il est expressément défendu aux visiteurs de toucher aux objets, livres, gravures, registres, cahiers et en général à tout ce que renferment les deux Etablissements.

ARTICLE 13.

Personne, quelles que soient d'ailleurs sa qualité et ses fonctions, ne pourra, sous aucun prétexte, emporter aucun objet appartenant au Musée ou à la Bibliothèque sans y avoir été autorisé.

ARTICLE 14.

Tout individu qui occasionnerait quelque dommage à l'Etablissement, soit en brisant les objets, en maculant ou déchirant les livres, les estampes, les gravures, etc., en altérant d'une manière ou d'une autre les collections de l'Etablissement, est responsable du dommage causé et sera dans l'obligation de remplacer la pièce ou le livre altéré ou d'en payer la valeur.

ARTICLE 15.

Il est défendu de fréquenter la salle avec des livres ou des objets quelconques, hormis des plumes ou du papier.

ARTICLE 16.

Il est recommandé aux visiteurs de ne point troubler, par des conversations particulières, le silence nécessaire à l'étude.

ARTICLE 17.

L'entrée de l'Etablissement est interdite à toute personne portant un costume peu décent, ou qui serait accompagnée de chiens, ou qui voudrait pénétrer dans la salle avec un parapluie, une pipe allumée ou un cigare fumant.

ARTICLE 18.

Tous les livres, papiers, gravures, estampes, etc , seront marqués du cachet de l'Etablissement.

Pour extrait conforme,

Le Directeur,

B. DANVIN, D. M. P.

Saint-Pol, le 3 septembre 1837.

CATALOGUE SOMMAIRE

Des grandes collections, principaux ouvrages et dictionnaires de la Bibliothèque de la ville de Saint-Pol.

EXTRAIT DU CATALOGUE GÉNÉRAL.

La provenance des ouvrages est indiquée par les initiales suivantes :

> *a*. — Acquisition du Conseil d'administration.
> *g*. — Don du Gouvernement.
> *p*. — Offrande de particuliers.

Panthéon littéraire. — Collection universelle des chefs-d'œuvre de l'esprit humain, publiée par Auguste Desrez, format in-4°, volumes reçus 45, *g*.

Mélanges tirés d'une grande bibliothèque. — Littérature, géographie, histoire, sciences, arts et métiers. — Paris, 1788, in-8°, 69 v., *p*.

Œuvres complètes de Voltaire, édition de 1785, in-8°, 70 v., *p*.

id.   id.   édition de 1762, in-12, 40 v., *p*.

Œuvres complètes de Jean-Jacques Rousseau. — 1834, in-8°, 17 v., *p*.

Œuvres complètes de Chateaubriand, in-8°, 26 v., *p*.

Œuvres complètes de Lamartine, éditées par lui-même, 40 v., *a*.

Œuvres complètes de François Arago. — 1862, in-8°, 17 v., *a*.

Dictionnaire encyclopédique des sciences, des arts et des métiers, par une Société de gens de lettres, mis en ordre et publié par MM. Diderot et d'Alembert. — 1778, in-4°, 45 v., *p*.

Encyclopédie du 19e siècle, publiée sous la direction de M. de Saint-Priest, 27 v., *p*.

Œuvres complètes de Buffon, avec supplément par Cuvier, 30 v., *p*.

Collection des auteurs latins, publiée sous la direction de M. Nisard, 27 v., *g*.

Collection des auteurs grecs, publiée par Didot, 64 v., g¿

Cours de littérature, par Laharpe.— 1823, in-12, 18 v., p.

Des Etats généraux et autres assemblées nationales. — Paris, 1788, in-8°, 18 v., p.

Collection universelle des Mémoires particuliers relatifs à l'Histoire de France.— Paris, 1790, in-8°, 65 v., p.

Documents inédits sur l'Histoire de France, en cours de publication. — format in-4°, volumes parus, 133, g.

Histoire universelle, par une Société de gens de lettres, composée en anglais et traduite en français, in-8°, 125 v., p.

Histoire universelle, par M. de Ségur, in-8°, 10 v., p.

Histoire générale de tous les peuples, par l'abbé Lambert. — 1750, in-8°, 14 v., p.

Cours d'études pour l'instruction du prince de Parme, par l'abbé Condillac.— 1789, in-8°, 16 v., p..

Cours d'études historiques, par M. Daunou, in-8°, 20 v., g.

Le grand vocabulaire français. — Encyclopédie publiée par une Société de gens de lettres. — Paris, 1783, in-4°, 30 v., p.

Encyclopédie portative, par une Société de savants, sous la direction de M. Bailly de Merlieu, in-18, 25 v., p.

Nouveau dictionnaire d'histoire naturelle, par une Société de naturalistes et d'agriculteurs, 36 v., a.

Réimpression de l'ancien *Moniteur*, depuis la réunion des Etats généraux jusqu'au Consulat, in-4°, 31 v., a.

Correspondance de Napoléon 1er en cours de publication, 19 v., g.

Œuvres complètes de Plutarque, in-8°, 22 v., p.

Histoire ancienne, par Rollin. — 1758, in-8°, 13 v., **p.**

Histoire romaine, par Rollin. — 1758, in-8°, 16 v., p.

Traité des études par Rollin.— 1821, in-8°, 4 v., p.

Mémoires du duc de Saint-Simon, 20 v., a.

Œuvres complètes de Fréret. — 1796, in-18, 20 v., p.

L'Artiste, revue de Paris. — Collection incomplète, 35 v., g.

Revue contemporaine de 1856 à 1864, collection incomplète, 38 v., g.

Revue européenne du 1er février 1859 au 31 décembre 1861, 18 v., g.

Journal des connaissances usuelles et pratiques, de 1825 à 1840, 30 v., a.

Histoire ecclésiastique jusqu'en 1414, par l'abbé Fleury, 20 v., p.

Œuvres complètes de Shakespeare, traduction de F.-V. Hugo, 15 v., a.

Mémoires de l'Académie d'Arras, in-8°, 37 v., *p*.

Comptes-rendus des séances hebdomadaires de l'Académie des sciences, du 1er janvier 1847 au 30 juin 1850, in-4°, 7 v., *g*.

Œuvres complètes de Bayle, comprenant le dictionnaire historique. — 1697 et 1737, in-f°, 8 v., *a*.

Histoire du peuple de Dieu, par le P. Berruyer, in-4°, 8 v., *p*.

Dictionnaire historique, critique, chronologique, géographique et littéral de la Bible, par le R. P. Dom Augustin Calmet, religieux bénédictin. — Paris, 1722, in-f°, 2 v., *p*.

Histoire générale des cérémonies, mœurs et coutumes religieuses de tous les peuples du monde, représentées en 243 figures, dessinées de la main de Bernard Picard, avec des explications historiques et curieuses par les abbés Banier et Mascrier. — Paris 1741, in-f°, 7 v., *p*.

Iconographie ancienne, recueil des portraits authentiques des empereurs, rois et hommes illustres de l'antiquité, par MM. Visconti et Mongez, in-4°, 9 v., *g*.

Victoires et conquêtes des Français, sous la Révolution et l'Empire, 27 v., *p*.

Annuaire historique, publié par la Société de l'Histoire de France, 25 v., *g*.

Vies des hommes illustres de la France, par d'Auvigny et l'abbé Perau. — 1753, in-12, 20 v., *p*.

Histoire de France jusqu'à Louis XIV, par Velly, Villaret et Garnier, in-12, 24 v., *a*.

Histoire de France, par Henri Martin, 19 v., *g*.

Histoire de la Révolution française, par M. Thiers, 10 v., *a*.

Histoire du Consulat et de l'Empire, par le même, 20 v., *a*.

Histoire des ducs de Bourgogne de la maison de Valois, par M. de Barante. — 1854, in-8°, 12 v., *a*.

Plutarque français, publié sous la direction de M. Mennechet. — Paris, 1847, in-4°, 6 v., *g*.

Histoire de la ville de Paris, par D. Michel Félibien et Guy-Alexis Lobineau, bénédictins de la congrégation de Saint-Maur. — 1725, in-f°, 5 v., *p*.

Histoire philosophique et politique des Indes, par Raynal. — 1789, in-8°, 11 v., *p*.

Galeries historiques du Palais de Versailles. — 1839-1844, 7 v., *g*.

Éléments de paléographie, par Natalis de Wailly. — in-f°, 2 v., *g*.

Œuvres de Laplace. — 1845, in-4°, 6 v., *g*.

Cosmos, essai d'une description physique du globe, par Alex. de Humboldt, traduit par MM. Faye et Galuski, 4 v., *a*.

Histoire de l'Europe et des colonies européennes, depuis la guerre de sept ans jusqu'à la Révolution de juillet 1830, par M. Lenglet, président de chambre à la Cour de Douai, in-8º, 6 v., *p*.

Histoire romaine de Dion Cassius, traduite par Gros et Boissée. — volumes parus, in-8º, 6, *g*.

Histoire romaine de Nieburh, traduite par M. de Golbéry, in-8º, 8 v., *g*.

Histoire d'Espagne, par Rovseeuw Saint-Hilaire. — volumes parus, in-8º, 8, *g*.

Œuvres de Boileau, 1772, in-8º, 5 v., *a*.

Œuvres de Molière, avec commentaire historique et littéraire par M. Petitot, 1829, in-8º, 6 v., *a*.

Œuvres complètes de P. Corneille, avec les notes de tous les commentateurs, 12 v., *g*.

Œuvres complètes de Jean Racine, avec les notes de tous les commentateurs, 6 v., *g*.

Œuvres de Napoléon III, grand in-8º, 4 v., *g*.

Mémorial de Sainte-Hélène par le comte de Las Cases, in-4º, 2 v., *a*.

Le Puits artésien, Revue du Pas-de-Calais publiée à Saint-Pol de 1837 à 1849, in-8º, 6 v., *p*. (1)

Revue archéologique, t. 7 à 11, 7 v., *g*.

Œuvres de lord Byron, traduction de M. Amédée Pichot, 6 v., *p*.

La sainte Bible, traduite par Lemaistre de Sacy, in-12, 16 v., *a*.

Leçons de physique expérimentale, par l'abbé Nollet. — 1786, in-12, 6 v., *p*.

Traité de chimie, par L.-J. Thénard, 4 v., *a*.

Traité de minéralogie, par Dufrénoy, — 1844, 4 v., *g*.

Bulletin de la Société de géographie, 40 v., *g*.

Géographie universelle, de Malte-Brun. — 1863, in-4º, 6 v., *a*.

Description du monument de Ninive, in-fº, 4 v., *g*.

Description de l'Asie mineure, par Charles Texier, in-fº, 4 v., *g*.

L'Orient, par Eugène Flandin, en cours de publication, 3 v., *g*.

Voyage en Islande, par Paul Gaimard, en 15 vol. in-8º, avec atlas, *g*;

Voyage autour du monde, par M. Vaillant, 15 vol., avec atlas in-fº, *g*.

Voyage au pôle sud, par Dumont d'Urville, texte 23 vol., atlas 3 vol., *g*.

Voyage autour du monde, par Dupetit-Thouars, 10 vol., atlas 2 vol., *g*.

Voyage en Scandinavie, etc., par Paul Gaimard, 32 vol. atlas en 3 vol. *g*.

---

(1) Cette collection a été offerte par la Société fondatrice de la Revue.

THÉOLOGIE.

Livres saints, Liturgie, Philosophie religieuse, Morale, etc.

La lettre r indique les volumes reliés, la lettre b les volumes brochés.

1. Aphorismes des Confesseurs, en latin, par Emmanuel Sa..., Douai, 1633, B. Belèze, in-18, 1 volume, relié.

2. Abrégé de la morale et de l'Evangile, ou pensées chrétiennes sur le texte des quatre évangélistes, Paris, Prohard, 1679, in-12, 3 vol., r.

3. L'âme contemplant les grandeurs de Dieu, suivi de l'âme se préparant à l'éternité par les sentiments de l'amour divin, par Baudrand, Lyon, frère Pereire, 1775, in-12, 2 tomes reliés en un volume.

4. Avis et pratique pour profiter de la mission et de la retraite, etc., par Duplessis, Paris, Guérin, 1744, in-12, 1 vol., r.

5. Actes de vêture, noviciat et profession de la communauté de l'abbaye de Saint-Pierre de Jumièges, ordre de Saint-Benoit, Congrégation de Saint-Maur, cahier manuscrit du 10 octobre 1785, de 17 feuillets.

6. Amour de Dieu (Traité de l') 1703, in-12, 1 vol., r.

7. Saint-Augustin (œuvres choisies), 1 vol. in-8° de la collection des auteurs latins, publiée sous la direction de M. Nizard, Paris, Dubochet, 1846, broché.

8. Saint-Augustin, confessions, méditations (du Panthéon Littéraire), r.

9. Biblia sacra, édition de la Vulgate, Lyon, Carteron, 1776, in-8°, 1v., r.

10. Bible en français, Rouen, David et Geoffroi, 1648, petit in-8°, 1 vol. (manque le titre et les 2 premières pages), r.

11. Bible de Royaumont, Paris, Carez, 1809, in-8°, 1 vol., r.

12. Bible sacrée, en latin, Paris, 1662, in-f°, 1 vol., r.

13. La Sainte Bible, ancien et nouveau Testament, traduction de Lemaistre de Sacy, illustrée, grand format, livraisons 1 à 6, contenant la Genèse.

14. La Sainte Bible, contenant l'ancien et le nouveau Testament, en

latin et en français, avec notes par Lemaistre de Sacy, Paris, Desprez, 1711, in-12, 12 vol. sur 16., r.

15. Le Bouquet sacré ou voyage de la Terre-Sainte, etc., par le P. Boucher, Rouen, Besogne, 1698, in-16, 1 vol., r.

16. Bréviaire monastique en latin, Paris, P. de Bats, in-8°, 1 vol., r.

17. Œuvres de Saint-Basile en latin, Paris, Gaume frères, 1839, in-8°, 6 vol., b.

18. Œuvres de Bossuet, Paris, Firmin Didot, 1841, 4 vol., grand in-8°, b.

19. Boëce, Consolations de la philosophie (du Panthéon littéraire), b.

20. Saint-Bernard, Traité de la considération,   id.   b.

21. Cardinal Bona, Principes de la vie chrétienne. Chemin du Ciel (du Panthéon littéraire), b.

22. Caractères tirés de l'Ecriture sainte, et appliqués aux mœurs de ce siècle, Paris, Guérin, 1698, in-12, 1 vol., r.

23. Cantique spirituel, Amiens, Caron, 1813, in-12, 1 vol., r.

24. Considérations sur plusieurs sujets de morale, par P. C., Paris, Berton, 1778, in-12, 1 vol., r.

25. Le Christianisme ou preuves et caractères de la religion chrétienne, par Siriez de Bergues (traduction de Poynter), Saint-Omer, Baclé, 1831, in-8°, 1 vol., b.

26. Concile de Trente (en latin), p. Chifflet, 1614, Plantain, grand in-12, 1 vol., r.

27. Le saint, sacré, universel et général Concile de Trente, etc., traduit du latin en français, par Gentian Hervet, Paris, Robert Le Fizelier, 1854, petit in-8°, 1 vol., r.

28. Les conseils de la Sagesse, ou recueil des Maximes de Salomon, Paris, Marbre Cramoisy, 1683, in-12, 1 vol., r.

29. De la fréquente communion, par A. Arnauld, Paris. Lepetit, 1686, in-8°, 1 vol., r.

30. Le combat spirituel, traduit de l'italien, par le P. Brignon, Bruxelles, 1709, in-8°, 1 vol., r.

31. Consolations et réjouissances pour les malades, etc., par Estienne

Binet, Rouen, Loudet, 1628, in-16, 1 vol., r.

32. Cas-réservés (traité des), en latin, 1614, in-12, 1 vol., r.

33. Catéchisme philosophique de Feller, Lille, Lefort, 1825, petit in-8°, 3 vol., r.

34. Catéchisme du Concile de Trente, Cologne, 1683, in-8°, 1 vol., r.

35. Catéchisme du Saint Concile de Trente, publié par ordre de Pie V, un petit vol , r.

36. Catéchisme de Paris, dressé par l'ordre de Mgr François de Harlay, en 1747, Paris, Didot, 1842, in-8° 1 vol. illustré, r.

37. Catéchisme historique par Fleury, in-12, 1 vol., r.

38. Les Confessions de Saint-Augustin, traduction nouvelle par L. Moreau, Paris, Débécourt, 1840, in-8°, 1 vol., b.

39. Conduites pour les exercices principaux qui se font dans les séminaires ecclésiastiques, 1676, in-12, 1 vol., r.

40. Considérations sur la propagation des mauvaises doctrines, 1826, in-12, 1 vol., b.

41 Cartulaire de l'abbaye de Saint-Victor, de Marseille, 2 vol. in-4°, de la collection des Mémoires inédits sur l'histoire de France, r.

42. De la connaissance de l'âme, par le P. Gratry, Paris, Douniol, 1857, in-8°, 2 vol., r.

43. Cartulaire de l'abbaye de Beaulieu, 1 vol. in-4° (de la collection des Mémoires inédits sur l'histoire de France), r.

44. Cartulaire de l'abbaye de Redon, en Bretagne, publié par Aurélien de Courson, Paris, 1863, in-4°, 1 vol. de la même collection, r.

45. Poëme sur le chemin royal de la Croix, par M. Ducrocq, curé de Sus-Saint-Léger, Arras, Théry, 1850, brochure de 62 pages.

46. Le chrétien catholique, par Diesbach, Paris, Soc. cathol. des bons livres, 1826, in-12, 1 vol., b.

47. La chrétienne de nos jours. Lettres spirituelles, par l'abbé Beautain, seconde partie. L'âge mûr et la vieillesse, Paris, 1861, in-12, 1 v., b.

48. Chateaubriand Génie du christianisme, 3 vol. Les martyrs, 2 vol. de la collection de ses œuvres complètes, éditées par Pourrat frères, à

Paris, 1835, in-8°, r.

49. Correspondance entre Pline et Trajan au sujet des chrétiens (du Panthéon littéraire), b.

50. Saint-Cyprien, 12 traités (du Panthéon littéraire), b. (voir n° 74).

51. David (le psautier de) imprimé sur trois colonnes, le texte, la traduction et les mots en regard, Paris, Josset, 1698, in-12, 1 vol., r.

52. Discours chrétiens sur les Evangiles de tous les dimanches, Paris, Courterot, 1699, in-12, 4 vol.

53. Démonstration de l'existence de Dieu, par Fénélon, Lyon et Paris, 1820, in-8°, 1 vol., r.

54. Démonstration de l'existence de Dieu. par Fénélon, 1810, in-12, 1 vol., r.

55. Le Directoire des mourants à l'usage de l'ordre des Chartreux, traduit du latin en français. A la Courrerie, Frémon, 1686, in-8°, 1 vol., r.

56. Discipline de l'Eglise sur le mariage des prêtres, Paris, Leclercq, 1790, in-8°, 1 vol., b.

57. Dissertations sur l'union de la morale, de la religion et de la politique, tirées d'un ouvrage de M. Waburton, Londres, 1742, in-12, 2 v., r.

58. Les devoirs du prêtre, 1785, in-12, 1 vol., b.

59. Dictionnaire historique de la Bible, par le P. Augustin Calmet, Paris, 1762, in-f°, 2 vol., r.

60. Histoire du dogme catholique pendant les trois premiers siècles et jusqu'au Concile de Nicée, par l'abbé Genouilhac, Paris, 1852, in-8°, 2 vol., b.

61. Le Déisme réfuté par lui-même; examen des principes d'incrédulité répandus dans les divers ouvrages de J.-J. Rousseau, par M. Bergier, 1771, in-12, 1 vol., r.

62. Ecriture sainte (introduction de l'), 1 vol., in-12, r.

63. Ezéchiel, 1 vol. in-12, r.

64. Excellence et dignité du christianisme avec les devoirs enseignés par Saint-Pierre au 1er chapitre de sa grande épître canonique. Manuscrit du seizième siècle, r.

65. Les enluminures du fameux almanach des Pères Jésuites, intitulé la déroute des Jansénistes cu triomphe de Molina, etc., Liége, 1683, in-12, 1 vol., r.

66. L'école des mœurs, par l'abbé Blanchard. Avignon, 1807, gr. in-12, 3 vol., b.

67. Epître spirituelle de la perfection religieuse par un R. P. de l'ordre de Saint François Capucin, Paris, 1630, in-18, 1 vol., r.

68. L'empire de la raison sur les passions, par le R. P. Nicolas Caussin, Paris, Piot et Chappelet, 1635, in-12, 1 vol., r.

69. Entretiens d'une âme pénitente avec son Créateur, mêlés de réflexions et de prières relatives aux divers évènements de la vie, dédiés à la reine. Lille, Henry, 1767, in-8°, 1 vol., r.

70. Histoire de l'église Sainte-Geneviève, par l'abbé Ouin-Lacroix 1852, in-8°, 1 vol., b.

71. Les Evangiles, traduction de Lamennais, in-12, 1 vol., b.

72. Histoire et description des églises d'Etaples, par M. Souquet, 1855, in-12, 1 vol., b.

73. Les Evêques d'Arras, par M. le Comte d'Héricourt, Arras, 1853, in-12, 1 vol., b.

74. Eglise chrétienne (choix des monuments primitifs de l'). Correspondance entre Pline et Trajan au sujet des chrétiens, vingt-trois traités par Tertullien. Octavius, par Minucius Félix. Douze traités par Saint-Cyprien : Mort des persécuteurs; Institutions divines; Colère de Dieu; OEuvres de Dieu, par C.-F. Lactance. Erreurs des religions profanes, par J.-F. Maternus, 1 vol., in-4°, du Panthéon littéraire, b.

75. L'éloquence chrétienne dans l'idée et dans la pratique, par le P. B. Gisbert, S. J. nouvelle édition avec préface, notes et appendices, par MM. Crampson et Boucher, du clergé d'Amiens, Paris, 1860, in-12, 1 v., b.

76. Fondements de la foi par Aimé, Paris, 1818, in-12. 2 vol., b.

77. Les fleurs des secrets moraux sur les passions du cœur humain, par F. Loryot, Paris, Desmargnetz, 1614, in-4°, 1 vol., r.

78. Flagellants (histoire des), traduite du latin, de l'abbé Boileau, Amsterdam, 1701, in-18. 1 vol., r.

79. Fénélon. Œuvres spirituelles, Rotterdam, 1738, in-f°, 2 vol., r.

80. Fénélon. Œuvres choisies, Paris. Firmin Didot, 1838, 3 v. grand in-8°, b.

81. Fleury (œuvres de l'abbé), précédées d'un essai sur sa vie et ses ouvrages, par M. Aimé Martin (un volume du Panthéon littéraire), b.

82. Génie du christianisme, par Chateaubriand, Paris, 1835, in-8°, 3 vol. des œuvres complètes, r. (Voir n° 48).

83. Même ouvrage, édition in-18 de 1809, 9 vol., b. (Voir n° 48).

84. Gerson. Imitation de Jésus-Christ (du Panthéon littéraire), b.

85. Histoire édifiante et curieuse, par Beaudrand, Paris, 1825, Société catholique des bons livres, in-12, 1 vol., b.

86. L'horreur du péché, par le R. P. Cochet, Rouen, 1686, in-16, 1 v., r.

87. Harmonies catholiques, par le comte d'Albret, Paris, 1854, in-8° 1 vol., b.

88. Hanon (notice sur l'abbé), de Saint-Pol, supérieur général des filles de la Charité, brochure de 16 pages.

89. Imitation de J.-C., par Th. a. Kempis, traduit par Ph. Chifflet, Anvers, 1665, in-8°, 1 vol. avec 5 belles gravures et un frontispice, r.

90. Imitation de J.-C., mise en vers français par Pierre Corneille, Paris, 1734, in-12, 1 vol., r.

91. Imitation de J.-C., par le P. Gonnelieu, Paris, 1738, in 12, 1 v., r.

92. Imitation de J.-C., en vers français, par P. Corneille, Paris, 1659, in-12, 1 vol, avec gravures, r.

93. Imitation de J.-C., en latin, 1 vol. in-18 (le titre manque), r.

94. De l'imitation de J.-C., 1682, in-12, 1 vol., r.

95. Instruction de la jeunesse en la piété chrétienne, par C. Gobinet, Bruxelles, 1738, in-12, 1 vol., r.

96. Instructions chrétiennes sur le sacrement de mariage, par M. L. T. P. d. V., Paris, Mariette, 1727, in-16, 1 vol., r.

97. Instructions dogmatiques, morales et familières sur les quatre parties de la doctrine chrétienne, par Pierre Joseph Henry, Rouen, 1785, petit in-8°, 4 tomes, 2 vol., r.

98. Instruction pastorale de Mgr l'évêque de Troyes, sur l'impression des mauvais livres, Paris, 1821, brochure in-8°.

99. Traité de l'Immaculée conception de la Sainte-Vierge, par M. l'abbé Robitaille, chanoine, ancien doyen de Saint-Pol, Arras, 1857, in-12, 1 vol., b.

100. Iconographie chrétienne, Histoire de Dieu, par M. Didron, 1843, 1 vol. in-4°, r.

101. Inscriptions chrétiennes de la Gaule, antérieures au 8e siècle, réunies et annotées par M. Edmond Le Blanc, T. Ier, Provinces gallicanes, 1856, 1 vol, in-4°, r.

102. Job (livre de) en français, Paris, Desprez, 1698, in-8°, 1 vol., r.

103. Job et les psaumes, traduction nouvelle, par M. Laurens, Paris et Montauban, 1839, in-8°, 1 vol., b.

104. Saint-Jean-Chrisostôme (en grec et en latin), in-4°, 1 vol., b.

105. Saint-Jérome (œuvres complètes de), publiées par M. Benoit Matougues, sous la direction de M. L. Aimé-Martin, Paris, Desrez, 1838, 1 vol. grand in-8°, du Panthéon littéraire, b.

106. Jésus-Christ (vie de N. S), représentée par 56 estampes, accompagnées du texte extrait des Saintes Ecritures, ouvrage publié par la Société des bonnes images, Paris, 1834, in-4°, 1 vol., r.

107. Liturgie (traité de la), par Gilb. Genebrard, Paris, 158., in-12, 1 vol., r.

108. Leçons de la Sagesse, Paris, 1747, in-12, 3 vol., r.

109. Les leçons de la Sagesse sur l'engagement au service de Dieu, par le R. P. François Lamy, religieux bénédictin de la Congrégation de Saint-Maur, 1768, in-12, 1 vol., r.

110. Lettre à un catholique, par Mgr Dupanloup, évêque d'Orléans, sur la brochure le PAPE ET LE CONGRÈS, 1860, brochure in-8°.

111. Seconde lettre à un catholique, par Mgr Dupanloup, sur le démembrement dont les Etats pontificaux sont menacés, brochure in-8°, 1861.

112. Louis de Blois. Le directeur des âmes religieuses (du Panthéon littéraire), b.

113. C. F. Lactance. Œuvres diverses (du Panthéon littéraire). Voir n° 74.

114. Les Martyrs ou le triomphe de la religion, par M. de Chateaubriand, Paris, Lenormant, 1809, in-8°, 2 vol. (Voir n° 48).

115. Méditations sur les Evangiles de tous les dimanches et fêtes de l'année, in-12, 1 vol., r.

116. Méditations d'Etienne Scapel, jésuite (texte hollandais), 1645, in-18, 1 vol., r.

117. Magasin de l'enfance et de la jeunesse chrétienne, par Mᵐᵉ Mennechet et Jules Massé, de 1853 à 1858, 9 vol. in-8°, b.

118. Maximes sur le ministère de la chaire et discours académiques, par le R. P. Garchiès. 1739, in-12, 1 vol., r.

119. Morale (3ᵉ partie de la philosophie), in-8°, manuscrit en caractères modernes, 1 vol. de 316 pages, r.

120. Minucius Félix. Octavius (du Panthéon littéraire). (Voir n° 74).

121. J. F. Maternus. Erreurs des religions profanes (du Panthéon littéraire). (Voir n° 74).

122. Nouveau Testament (en grec), 1612, Plantain, in-18, 1 vol., r.

123. Nouveau Testament de N. S. J. C., 1685, in-12, 1 vol., r.

124. Nouveau Testament (grec-latin), par J. Leusden, Lyon, 1772, in-12, 1 vol., r.

125. Nouveaux entretiens religieux et philosophiques, par Loisson de Guinaumont, Paris, Société catholique des bons livres, in-12, 1 vol., b.

126. Ouvrages mystiques (choix d'), traduits du latin en français, Confessions et méditation, par Saint-Augustin ; Consolations de la philosophie, par Boëce ; Traité de la considération, par Saint-Bernard ; Imitation de Jésus-Christ, par Gersen ; Principes de la vie chrétienne, chemin du Ciel, par le cardinal Bona ; Institution, par Tauler ; Le directeur des âmes religieuses, par Louis de Blois, 1 vol. du Panthéon littéraire, b.

127. Ordonnances du diocèse d'Arras, 1806, in-12, 1 vol., b.

128. Ordo à l'usage du diocèse de Boulogne-sur-Mer, pour 1801, brochure de 38 pages.

129. Obligations des chanoines (recueil de décisions sur les), 1746, in-12, 1 vol., b.

130. De l'Office divin, par M. Collet, docteur en théologie, 1762, in-12, 1 vol., r.

131. Pensées et réflexions morales d'Oxenstiern, Paris, 1762, in-12, 2 vol., r.

132. Prières (livre de), en latin, manuscrit avec calendrier initial incomplet, caractères gothiques de la fin du treizième ou du commencement du quatorzième siècle, sur parchemin, 150 feuillets, avec initiales en lettres d'or, et enluminures en fines couleurs ; lettres noires, rouges et bleues, quinze sujets peints avec encadrement enluminé, six pages aussi encadrées avec riches enluminures, doré sur tranches, reliure en bois couvert de cuir, avec figures d'évêques; in-12, 1 vol.

133. Préjugés légitimes contre les Calvinistes, Liége, 1710, in-12, 1 vol., r.

134. Les psaumes de David, petit in-8°, 1 vol., r. (le titre manque).

135. Psaumes de David, traduits par J.-M. Dargaud, Paris, Curmer, 1838, in-8°, 1 vol., b.

136. Psaumes (traduction complète des psaumes en vers français), par M. Enlart de Grandval, Paris, Merlin, 1828, in-8°, 1 vol., b.

137. Psaumes de David (le sens des), Paris, 1755, in-12, 1 vol., r.

138. Principes de l'église gallicane (les vrais) sur le gouvernement ecclésiastique, etc., suivis de réflexions sur un écrit de M. Fiévée, par M. l'abbé Frayssinous, Paris, 1818, Adrien Leclère, in-8°, 1 vol., b.

139. Pensées sur différents sujets de morale et de piété, tirées des ouvrages de Massillon, in-12, 1 vol., b.

140. Pensées sur la philosophie de la foi, par l'abbé Lamourette, 1789, in-12, 1 vol., b.

141. Préparation à la mort, par le cardinal Bona, 1750, in-12, 1 vol., r.

142. Panorama du christianisme à l'usage de la jeunesse, par B. Rey,

Montauban, Forestée, 1842, in-12, 1 vol., r.

143. Pratique du Sacrement de pénitence, par Louis Habert, docteur de Sorbonne, Paris, 1728, in-12, 1 vol., r.

144. Preuves du christianisme (la certitude des), par M. Bergier, docteur en théologie, Paris, 1768, in-12, 1 vol., r.

145. La religion considérée comme l'unique base du bonheur, par la marquise de Sillery (Mme de Genlis), Paris, 1787, in-12, 1 vol., r.

146. Réglements de la Trappe, suivis de la relation de la mort de plusieurs frères, petit in-12, 1 vol., r.

147. Règles de l'ordre de Saint-Benoit, en latin, in-18, 1 vol., r.

148. Règles de Saint-Benoit et constitutions de la Congrégation de Saint-Maur, Paris, Desprez, 1770, in-8°, 1 vol., r.

149. Religion des Gaulois, par le R. P. Dom...., religieux bénédictin de la congrégation de Saint-Maur, Paris, Saugrain fils, 1727, in-4°, t. 1er, avec nombreuses gravures, r.

150. Réflexions, sentences et maximes morales mises en nouvel ordre, avec des notes politiques et historiques, par M. Amelot de la Houssaye, Paris, in-12, 1 vol., r.

151. Relations des erreurs qui se trouvent dans la religion des Gentils Malabarres, sur la côte de Coromandel, dans l'Inde, en Asie, Pondichéry, 1739, in-8°, 1 vol., manuscrit en caractères modernes, r.

152. Réglements et ordonnances du diocèse d'Arras. Arras, Duchamp, 1746, in-12, 1 vol., b.

153. Seconde Réponse à M. de Condon, sur son traité de la doctrine de l'église catholique, 1680, in-12, 1 vol., r.

154. Réponse apologétique à Messieurs du clergé de France, sur les actes de leur Assemblée de 1682, in-32, 1 vol., r.

155. La Science des mœurs tirée du fond de la nature, avec le projet d'un nouveau corps de morale tiré de l'Ecriture sainte, par F. Courtot, Paris, 1694, in-12, 1 vol., r.

156. Sermons et homélies du pape, qui a mérité le surnom de Grand.

Louvain, 1566, in-8°, 1 vol., r.

157. Sermons du père de La Roche, sur les Mystères et autres sujets divers, Paris, 1729, Moreau, in 12, 2 vol., r. (le 1er manque).

158. Somme théologique de Saint-Thomas d'Aquin (en latin), Paris, Hénault, 1639, in f°, 1 vol., r.

159. Le Sage résolu co. tre la fortune et contre la mort, Rouen, 1655, in-8°, 1 vol., r.

160. Sacrement de l'Eucharistie (Traité sur le), par Vuitasse, 1720, in-8°, 1 vol., r.

161. La Science de la vie, ou principes de conduite religieuse, morale et politique, extraits et traduits d'auteurs italiens, par M. Valery, Paris, Amyot, 1842, in-8°, 1 vol., b.

162. Les sœurs aveugles de Saint-Paul, par Bathild Bouniol, Paris, 1858, opusc. in-12, b.

163. Théologie par Guillaume Amésius, en latin, sans frontispice, petit in-12, r.

164. Tractatus triplex de restitutione, jure, et justitia ad de statu religioso, par Hennus, Douai, Mairesse, 1707, in-8°, 1 vol., r.

165. Tableau des fêtes chrétiennes, par le vicomte Walsh, Paris, Bibl. universelle de la jeunesse, 1837, in-8°, 1 vol., b.

166. Traité de la paix intérieure, en quatre parties, Paris, 1774, 9e édition, in-12, 1 vol., r.

167. Traité de l'existence de Dieu, par Fénélon, Lille, Lefort, 1821, in-8°, 1 vol., r.

168. Théologie. — Dictionnaire théologique portatif, 1756, in 12, 1 vol., r.

169. Tertullien (Apologétique de), 1 vol. in-8°, de la collection des auteurs latins, publiée sous la direction de M. Nisard, Paris, Dubochet, 1846, b.

170. Tauler. — Institutions (du Panthéon littéraire), voir n° 126.

171. Tertullien. — Vingt-trois traités (du Panthéon littéraire), voir n° 74.

172. La voix du pasteur, discours familiers du curé à ses paroissiens, par M. Reguis, Lyon, Leroy, 1804, in-8°, 2 vol. r.

LIVRES SACRÉS DE L'ORIENT.

173. Le Coran, traduit par M. Kasimirski, inter rète de la légation française en Perse, avec notes, commentaires et préface du traducteur, Paris, Charpentier, 1852, in-12, 1 vol., b.

OBSERVATION.

Ont été donnés par le Gouvernement les ouvrages désignés sous les n°s 7, 8, 13, 17, 18, 19, 20, 51, 38, 41, 42, 43, 44, 49, 50, 60, 70, 74, 80, 81, 84, 87, 100, 101, 103, 103, 105, 112, 113, 117, 120, 121, 126, 131, 142, 161, 165, 169, 170, 171.

Le n° 14 a été acquis par l'Administration de la Bibliothèque ; tous les autres n°s font partie des offrandes particulières.

Pour la suite du Catalogue général, et comme dans le sommaire, les acquisition seront désignées par la lettre a, et les dons du Gouvernement par la lettre g.

L'absence de l'une ou l'autre lettre à la fin des articles, fera connaître le dons particuliers que le Catalogue sommaire indique par la lettre p.

PHILOSOPHIE.

Philosophes et Moralistes anciens et modernes.

174. Abélard, par M. Charles de Rémusat, Paris, Ladrange, 1845, in-8°, 2 vol., b., g.

175. Arnauld, Antoine (œuvres philosophiques), avec notes et introduction, par Jules Simon, professeur de philosophie, 1851, in-12, 1 v., b., a.

176. Aristotelis starigitœ philosopharum principis organum universorum, Douai, Jean Boyard, 1615, in-8°, 2 v., r.

177. Bacon, François, baron de Verulan, chancelier d'Angleterre (œuvres de), Panthéon littéraire, 1 v., b., g.

178. Bayle, Pierre, œuvres diverses, La Haye, 1737, in-f°, nouvelle édition, considérablement augmentée, 4 v., r., a.

179. L'heureux citoyen, discours à Jean-Jacques Rousseau, par Gaspard De Beaurieu, de *Saint-Pol*. Lille, veuve Panckouke, 1759, 1 v. in-12, relié en veau, doré sur tranches, avec filets dorés et cachet doré *aux armes de Saint-Pol* sur la couverture.

180. Critique de la philosophie de Descartes, par P.-D. Huet, Paris, 1689, in-12, 1 v., r.

181. Du courage civil et de l'éducation propre à inspirer les vertus publiques, par Hyacinthe Corne, Paris, 1828, in-8°, 1 v., b.

182. Cicéron (œuvres philosophiques de), Paris, Didot jeune, 1796, in-8°, 9 v., b.

183. Charron, Pierre. — Les trois livres de la Sagesse, par ***, Amsterdam, 1782, in-8°, 2 v., r.

184. Dialectique de Aug. Humiœus, Auvers, 1598, in-12, 1 v., r.

185. Dictionnaire anti-philosophique, Avignon 1774, in-8°, 1 v., r.

186. Descartes, œuvres philosophiques, publiées d'après les textes originaux, par M. Louis-Aimé Martin (du Panthéon littéraire), 1 v., b., g.

187. Essai sur le bonheur, par l'abbé de Gourcy, Vienne, 1777, 1 v., r.

188. Essai sur l'état physique, moral et intellectuel des aveugles-nés, avec un nouveau plan pour l'amélioration de leur condition sociale par P.-A. Dufau, Paris, 1837, imprimerie roya'e, in-8°, 1 v., b., g.

189. Les Erreurs de Voltaire, par l'abbé Nonnotte, Lyon, 1774, in-12, 2 v., r.

190: Essai sur la langue et la philoso,hie des Indiens, traduit de l'allemand de Frédéric Schlegel, et suivi d'un appendice contenant une d ssertation sur la philosophie des temps primitifs, par M. Mazure, professeur de philosophie, Paris, Parrent-Desbarres, 1837, in-8°, 1 v., b., g.

191. Essai sur le beau, par le P. André J..., avec un discours préliminaire et des réflexions sur le goût, par M. Formey, Amsterdam, 1767, in-12, 1 v., r.

192. Epictète (le Manuel d') et les commentaires de Simplicius, traduits en français avec des remarques, par M. Dacier, Paris, 1776, in-12, 2 v., r.

193. Helvetius (de l'Esprit par), 1774, in-12, 1 v., r.

194. id. même ouvrage, avec notes, Paris, 1827, in-8°, 2 v., r.

195. Les Lois de la nature, de R. Cumberland, traduction de Barbeyrac, Leyde, 1767, in-4°, 1 v., r.

196. La Bruyère (les caractères de), Paris, 1759, in-12, 2 v., b.

197. Cours de législation pénale comparée, introduction philosophique, par M. Ortolan, professeur à la faculté de droit de Paris, Paris, 1839, in-8°, 1 v., b., g.

198. Sur la légitimité de la faculté de connaître, Orléans, 1839, in-8°, 1 v., b.

199. Logique de M. de Crouzas, 1737, 4 v., r.

200. Laromiguière (Leçons de philosophie par), Paris, 1844, in-12, 2 v., b., g.

201. Leibnitz (Œuvres de), Paris, 1842, Charpentier, in-12, 1 v., b., g.

202. Logique du P. Regnault, jésuite, 1746, in-12, 1 v., r.

203. Moralistes français (choix de), de la Sagesse, par Pierre Charron ; Pensées de Blaise Pascal ; Sentences et Maximes de La Rochefoucault ; Des caractères de ce siècle, par La Bruyère ; Œuvres de Vauvenargues (1 v. du Panthéon littéraire), 1 v., b., g.

204. Morale dictée à ses élèves au monastère de Saint-Vaast en 1766, par Mulet, in-8°, 1 v., r.

205. Montaigne (Les essais de Michel, seigneur de), nouvelle édition, exactement purgée des défauts des précédentes, selon le vrai original, Bruxelles, 1659, in-12, 1 v., r.

206. Montaigne (Œuvres de Michel), du Panthéon littéraire, 1 v., b., g.

207. De La Mestrie (Œuvres philosophiques de M.), Berlin, 1764, 1 v., r.

208. Manuel de philosophie moderne, par Ch. Renouvier, Paris, 1842, in-12, 1 v., b.,

209. Newton (Eléments de la philosophie de), mise à la portée de tout le monde, par Voltaire, Amsterdam, 1738, in-8°, 1 v., r.

210. Principes de philosophie naturelle, dans lesquels on cherche à déterminer le degré de certitude ou de probabilité des connaissances humaines, Genève, 1782, in-8°, 2 v., r.

211. Le progrès religieux, par M. Glade, avocat à Paris, Paris, 1838, in-8°, 3 v., b., g.

212. Principes discutés, Paris, 1755, in-12, volumes 1 à 15, manque 4°, 5°, 6°, 13°, 11 v., r.

213. Philosophie pratique à l'usage des rois, par Henri Oldenburge, Rouen, 1672, in-12 (en latin), 1 v., r.

214. Des pensées de Pascal, par M. Victor Cousin, Paris, 1844, in-8° 1 v., b., g.

215. Pensées, fragments et lettres de Blaise Pascal, publiés pour la remière fois conformément aux manuscrits originaux, en grande partie iédits par M. Prosper Faugère, Paris, Andrieux, 1844, in-8°, 2 v., b., g.

216. Pascal (Lettres proviaciales de), 1766, in-12, 1 v., r.

217. Programme d'un cours élémentaire de philosophie, par Auguste Thiel, Paris, 1742, in-8°, 3 v., b., g.

218. Philosophie classique (Traité de), manuscrit in-8°, relié en veau, 1 v.

219. Raynal (Des peuples et des gouvernements par), Paris, 1822, in-12, 1 v., r.

220. Rousseau (Jean-Jacques), voir ses œuvres complètes, section Polygraphie.

221. De la manie du suicide et de l'esprit de révolte, par M. Tissot, 1840, in-8ᵉ, 1 v., r.

222. Senèque, œuvres complètes (en latin), Amsterdam, Elzevirs, 1659, in-16, avec frontispice et gravure noire, 1 v., r.

223. Même ouvrage, Paris, 1613, in-f°, 1 fort v., r.

224. Suicide (Histoire critique et philosophique du), par le P. Appiano Buonafève, traduite de l'italien, par M. Armellino et Guérin, Paris, 1841, in-8°, 1 v., b., g.

225. Valmont (le comte de), ou les égarements de la raison, Besançon, 1832, in-8°, 3 v., r.

226. Volney, les ruines ou méditations sur les révolutions des Empires, Paris, 1792, in-12, 1 v., r.

226 bis. Voltaire (Œuvres complètes à la section Polygraphie).

LÉGISLATION.

Coutumes, Ordonnances, Jurisprudence, Droit public.

227. Recueil d'arrêts notables des Cours souveraines de France, par J. Papon, manuscrit, Genève, 1648, in-4°, 1 vol., r.

228. Recueil de divers et célèbres arrêts du Parlement, par B. Levest, Paris, R. Fouet, 1611, 1 vol., in-4°, r.

229. Recueil d'anciens notables arrêts du Parlement de Paris, Paris, Langelier, 1620, 6° édition, in-4°, 2 v, r.

230. Acte constitutionnel précédé de la déclaration des droits de l'homme, in-4°, 12 pages brochées.

231. Dictionnaire des Aide-, par P. Brunet de Grandmaison, Paris, 1750, in-12, 2 tomes en un vol., r.

232. Traité pratique de l'arbitrage ordinaire et forcé, par MM. Giraudeau et Gœtschy, Paris, 1835, in-12, 1 v., b.

233. Recueil d'arrêts du Conseil d'Etat, édits et ordonnances rendus pendant les années 1770 à 1776, in-12, 1 v., b.

234. Annuaire de législation et de jurisprudence, année 1824, in-8°, 1 v., r.

235. Considérations sur la législation des brevets d'invention, par Ch. Sallandrouze de Lamornaix, Paris, Crapelet, 1829, in-8°, 1 v., b.

236. Coutumes générales d'Artois, avec notes, par Adrien Maillart, Paris, Gosselin et Quilliot, 1704, in-4°, 1 v., r.

237. Coutumes générales du pays et comté d'Artois, ressorts et enclavements, 1679, in-12, 1 v., r.

238. Coutumes générales d'Artois, avec des notes, par A. Maillart, Paris, Debure, 1739, 2° édition, in-f°, 2 tomes en un vol., r.

239. Coutumes générales d'Artois, rédigées dans un ordre dictatique et méthodique pour en faciliter l'intelligence, l'étude et l'usage, avec

des notes et observations importantes et décisions récentes, par M. Roussel, de Bouret, Paris, Chenault, 1771, in-8°, 2 v., r.

240. Code des Coutumes homologuées de la province d'Artois, etc., Arras, vᵉ Ducamp, in-12, 1 v., r.

241. Commentaire de Gosson (en latin), sur la coutume d'Artois, 1582, in-8°, 1 v., r.

242. Procès verbal des coutumes de la ville et banlieue d'Arras, en 1741, in-8°, 1 v., r.

243. Droit usuel, précédé d'un précis historique. — Répertoire des usages, coutumes, réglements administratifs et civils, en vigueur dans les départements du Nord et du Pas-de-Calais, commentés et comparés avec la législation moderne, par M. Bérode. ancien notaire à Lillers, Lille, 1865, in-12, 1 v., b., a.

244. Coutumes générales du comté de Saint-Pol, Arras, Duchamp, 1705, in-16, 1 v., r. (2 exempl.)

245. Les cinq Codes français, Paris, 1816, édition de Plancher, in-18, 1 v., r.

246. Code civil des Français avec les sources où toutes ses dispositions ont été puisées, par J.-M. Dufour, Paris, 1806, in-8°, 4 v., r.

247. Théorie du Code civil, par F. Taulier, professeur de droit à Grenoble, Paris, Prudhomme, 1841, 7 v., b., g.

248. Concordance entre les Codes de commerce français et étrangers, par M. Anthoine de Saint-Joseph, Paris, Videcocq, 1844, in-4°, 1 v., b. g.

249. Code de famille, par Guichard, Paris, an III, in-12, 3 v., b.

250. Corps du droit civil divisé en 4 parties. par Denis Godefroy, 1594, édition Vignon et Gymnicus, 2ᵉ édition, in-4°, 1 v., r.

251. La Constitution française, présentée au roi par l'Assemblée nationale le 3 septembre 1791, acceptée le 13 et le 14, Paris, Dupont, 1791, in-12, relié, doré sur tranches, 1 v.

252. Coutumes du duché et du pays de Normandie, anciens ressorts et enclaves d'icelui, etc., Rouen, Oursel, 1783, in-16, 1 v., r.

253. Code de commerce, Paris, Colin, 1808, in-18, 1 v., r.

254. Discours, rapports et travaux inédits sur le Code civil, par M. Portalis (l'ancien), édités par M. Portalis fils, Paris, Joubert, 1844, in-8°, 1 v., b., g.

255. Le Conseil de Pierre de Fontaine, au traité de l'ancienne Jurisprudence française, nouvelle édition, publiée d'après un manuscrit du treizième siècle, par Marmier, avocat, Paris, 1846, in-8°, 1 v., b., g.

256. Clarii, opéra, Lyon, 1672, un fort vol., in-f°, r.

257. Traité du Crédit foncier en France, par M. Josseau, avocat, 1853, in-8°, 1 v., b., g.

258. Cours de droit public et administratif, par Laferrière, 2ᵉ édition, 1841-1846, in-8°, 1 v., b., g.

259. Observations des tribunaux d'appel, sur le projet de Code civil, Paris, an X, in-4°, 4 v., r.

260. De la Compensation, thèse pour le doctorat, soutenue par M. Ludovic de Richouffz, avocat à Paris, né à Manin (Pas-de-Calais), Paris, 1855, in-8°, 1 v., b.

261. Devoirs des seigneurs dans leurs terres, suivant les ordonnances de France, divisés en 3 parties, Paris, Charpentier, 1687, in-12, 2 v., r.

262. Dénonciation aux Cours royales, etc., par Montlosier, Paris, 1826, in-8°, 1 v., b.

263. Domat, œuvres complètes, précédées d'une notice historique sur l'auteur, avec des additions, par J. Rémy, Paris, Gobelet, 1835, in-8°, 4 v., b., g.

264. Domat, lois écrites dans leur origine ou droit public, in-f°, 1723, un vol., r.

265. Le droit de la nature et des gens, par le Baron de Pufendorff, traduit en français par J. Barbeyrac, Leyde, 1759, in-4°, 2 v., r.

266. Le droit de la guerre et de la paix, par Hugues Grotius, traduit par J. Barbeyrac, avec notes de l'auteur et du traducteur, Amsterdam, 1729, 2 v., r.

267. Des droits des curés et des paroisses, considérés dans leur double rapport spirituel et temporel, Paris, 1776, in-8°, 2 v., r.

268. Observations sur les droits des patrons et des seigneurs de pa-

roisse, par Guyot, Paris, 1743, in-4°, 7 v., r.

269. Traité des droits honorifiques des seigneurs et églises, Paris, 1655, in-4°, 1 v., r.

270. Dictionnaire du droit public et administratif, par MM. Albin Lerat de Magnitot et Huard Delamarre, Paris, Joubert, 1837, in-8°, 2 v., b., a.

271. Cours de droit administratif appliqué aux travaux publics, par M. Cotelle, Paris, 1838, in-8°, 2 v., b., g.

272. Traité des droits honorifiques des seigneurs et des églises, Paris, Guignard père, 1665, in-4°, 1 v., r.

273. Traité des droits honorifiques des seigneurs dans les églises, par feu M. Mareschal, avocat, Paris, Claude Robustel, 1724, in-12, 2 v., r.

274. Compilation du droit romain (décisions qui regardent les curés), par Borion, avocat au Parlement, Paris, 1686, in-32, 1 v., r.

275. Dictionnaire administratif, par Julien-Michel Dufour, Paris, 1811, in-8°, 1 v., r.

276. Droit anglais, ou résumé de la législation anglaise, par M. Laya, avocat, Paris, 1846, in-8°, 2 v., b., g.

277. Dictionnaire des temps légaux de droit et de procédure, par Souquet, Paris, Hingray, 1844, in-4°, 2 v., b., g.

278. Traités de M. Duplessis, ancien avocat au Parlement, sur la coutume de Paris, 5e édition, avec des notes de MM. Berroyer et de Laulière, avocats au même Parlement, Paris, 1754, in-f°, 1 v., r.

279. Drainage (Lois et documents relatifs au), 1854, in-4°, 1 v., b., g.

280. Digestum vetus, seu pandectorum juris civilis, Paris, 1569, in-4°, 5 v., r.

281. Dictionnaire raisonné des droits d'enregistrement, Paris, an VII, Blanchant, in 8°, 2 v., r.

282. Exposé historique, exact et fidèle de la spoliation des biens de MM. de Croï et Traségnies, par Letulle et Ducoucel, an XI, XII et suivants de la République, imprimé par Hacquart, in-4°, 1 v., b.

283. Etudes historiques et critiques sur la législation civile et crimi-

nelle en France, par M. Couturier, Paris, 1844, in-8°, 1 v., b., g.

284. Le guide des juges militaires, ou recueil des lois, arrêts et avis du Conseil d'Etat sur la législation criminelle et maritime, par M. Périer, Paris, 1808, in-8°, 1 v., r.

285. Garde nationale. — Dissertation sur la question de savoir si le service de la garde nationale, commandée pour assister à une procession du culte catholique, est obligatoire, par M. Cotelle, avocat, brochure in-12 de 24 pages.

286. Le Guide des syndics, ou traité sur les faillites, par L. Virolle, avocat, Paris et Rochechouart, 1839, in-8°, 1 v., b., g.

287. Nouveau Guide forestier, par M. Breton, de Courrières, Lille, 1845, in-18, 1 v., b.

288. Hypothèques, documents relatifs au régime hypothécaire, 1844, in-8°, 3 v., b., g.

289. Institutions impériales (en latin), par A. Peret, Amsterdam, 1662, Elzevirs, in-16, avec un frontispice et une gravure noire, 1 v., r.

290. Institutions du droit français, par Argon, manuscrit sur l'édition de Paris, 1730, in-4°, 1 v., r.

291. Instructions des négociants, tirées des ordonnances, édits déclarations et arrêts, et des usages reçus, Paris, 1744, in-12, 1 v., r.

292. Instructions sur les conventions, 1766, in-12, 1 v., r.

293. Instructions de la procédure criminelle, par P.-J. De Lys, 1736, in-12, 1 v., r.

294. Jurisprudence (Receuil de), par Rousseau de La Combe, 1726, in-4°, 1 v., r.

295. Justices de Paix (Manuel des), par Levasseur, 1812, in-8°, 1 v., r.

296. Lois naturelles et civiles (Traité des), 1774, manuscrit, in-8°, 2 v., r.

297. Les diverses Leçons de lois, Guyon, Dolois, sieur de la Manche, Lyon, Pierre-Claude Marignon, 1604, in-8°, 1 v., r.

298. Logique judiciaire, ou traité des arguments légaux, par Hortensius de Saint-Albin, suivi de la logique de la conscience, Paris, 1841, in-12, 1 v., b., g.

299. Recueil des lois, arrêts, décisions et ordonnances, concernant la perception des droits-réunis, Paris, 1808, in-8°, 2 v., r.

300. Loi salique, avec notes et dissertations, par M. Pardessus, Paris, 1843, in-4°, 1 v., r., g.

301. Louage (Traité du contrat de), par Pothier, 1771, in-12, 1 v., r.

302. Les 4 livres des Instituts de l'empereur Justinien, Amsterdam, 1651, in-18, 1 v., r.

303. Manuel de droit public ecclésiastique français, par M. Dupin aîné, Paris, Videcocq, 1844, in-12, 1 v., b., g.

304. Mentica de tacitis conventionibus, 1615, in-f°, 1 v., r.

305. Manuel des tribunaux et des arbitres, par Lavaux, 1813, in-18, 1 v., r.

306. Du Mandat, thèse pour la licence, soutenue par M. F. Graux, de Saint-Pol, le 16 décembre 1831, en séance publique de la faculté de Paris, brochure in-4° de 15 pages.

307. Ordonnance de Louis XIV, donnée à Saint-Germain-en-Laye en 1667, Paris, 1671, in-16 (un autre exemplaire de 1668, in 32), 1 v., r.

308. Nouveau commentaire sur cette ordonnance, par M. ***, conseiller au présidial d'Orléans, Paris, Debure, 1753, in-12, 2 exempl., 2 v., r.

309. Ordonnance de Louis XIV, sur la procédure civile et criminelle, dans leur ordre naturel, avec des observations pratiques sur chaque article, Lyon, Boudet, 1717, in-4°, 1 v., r.

310. Ordonnance Louis XIV, sur le commerce, par Ph. Bornier, Paris, 1749, in-12, 1 v., r.

311. Ordonnances, édits et déclarations concernant l'autorité, juridiction et compétence de la Cour des aides de Normandie, ensemble plusieurs arrêts et réglements tant du Conseil que de ladite Cour, Rouen, Viret, 1682, in-12, 1 v., r.

312. Ordonnances de Louis XV, concernant les donations, etc., Paris, 1748, in-16, 1 v., r.

313. Recueil des Ordonnances royales, sentences, arrêts, réglements, commissions et provisions touchant l'administration de la justice au bailliage royal de Saint-Omer, Saint-Omer, 1738, in-12, 1 v., r.

314. Observations de Demazure touchant la nature des contrats et de leur qualité, 3 forts vol., in-4°, r., manuscrits.

315. Organisation judiciaire, cours élémentaire d'organisation judiciaire, de compétence, de procédure, de notariat et de législation pénale, par Carré, Paris, 1833, in-12, 1 v., b., g.

316. Organisation judiciaire, traité des lois d'organisation judiciaire, et de la compétence de la juridiction civile, Paris, 1833, in-12, 8 v., b., le 1er manque.

317. La nouvelle pratique civile, criminelle et bénéficiale, par Talon, Paris, 1681, Guignard et Girard, in-4°, 1 v., r.

318. Nouvelle introduction à la pratique, contenant l'explication des termes de droit et de coutumes, par Ferrière, Paris, 1745, 2 v., b.

319. Code de procédure civile, Paris, 1806, édition stéréotype, Nicolle et Gomery, in-12, 1 v., r.

320. Les principes du droit français sur les fiefs, par Billecocq, Paris, 1756, in-12, 1 v., r.

321. Principes sur la nullité du mariage pour cause d'impuissance, par ***, 1756, in-8°, 1 v., r.

322. Le nouveau Dunod, ou traité des prescriptions, 1810, in-8°, 1 v., r.

323. Journal des principales audiences du parlement pour les années 1628 à 1657, par M. Jean Dufresne, avocat audit Parlement (1665, in-f°), 1 v., r.

324. Même journal, pour les années 1666 à 1678, par François Jamet de la Guessierres, avocat en Parlement, Paris, 1678, in-f°, 1 v., r.

325. Journal du Palais ou recueil des principales décisions de tous les Parlements et Cours souveraines de France, de 1660 à 1700, par M. Claude de Blondeau et Gabriel Guéret, avocats au Parlement, Paris, 1713, in-f°, 2 v., r.

326. Révision de la législation sur les servitudes militaires, proposition de M. Billet, avocat à Arras, Arras, 1837, opuscule in-12 de 8 pages.

327. Des substitutions prohibées, par Rolland de Villargues, 1820, in-8°, 1 v., r.

HISTOIRE GENERALE

ET UNIVERSELLE.

328. Abrégé de l'histoire universelle depuis Charlemagne jusqu'à Charles-Quint, par Voltaire, Londres, 1754, in-12, 2 v., r.

329. Abrégé de l'histoire universelle d'Anquetil, par Caillot, Paris, 1825, in-8°, 2 v., r.

330. Histoire générale, civile, naturelle, politique et religieuse de tous les peuples du monde, par l'abbé Lambert, Paris, 1750, 15 vol., in-12 (manque le 4e), 14 v., r.

331. Les princes célèbres qui ont régné dans le monde depuis l'origine des monarchies jusqu'à nos jours, Paris, 1769, in-12, 4 v., r.

332. Tableau chronologique de l'histoire générale des peuples et de leurs cultes, par Arnault Robert, 1832, in-16.

333. Dictionnaire historique universel, par Arnault Robert, Paris, 10e édition, in-16 (2 exempl.), 2 v., b.

334. Dictionnaire historique, par l'abbé Ladvocat, 1777, in-12, 3 v., r.

335. Dictionnaire historique des grands hommes, par l'abbé Ladvocat, Paris, 1758, Didot, in-8°, 2 v., r.

336. Petit dictionnaire du temps pour l'intelligence des nouvelles de la guerre, par Ladmiral, Paris, 1747, in-12, 4 v., r.

337. Instruction pour l'histoire, Paris, 1677, in-12, 1 v., r.

338. Histoire ou commentaire de toutes choses mémorables advenues depuis 70 en ça, par toutes les parties du monde, par Jacques Estourneau, Paris, 1572, gros vol. in-12, de 890 pages, r.

339. L'art de vérifier les dates des faits historiques, etc., par les Bénédictins de la Congrégation de Saint-Maur, Paris, 1750, in-4°, 1 v., r.

340. Chronologia universalissima proter doctrino temporum épiditico acpracticœ traditionem omnium et singulorum annorum seriens, etc., par A. R. P. Angèle Florchen, Hidesheim, 1742, in-f°, 1 v., r.

341. Traité de matériaux manuscrits de divers genres d'histoire, par Amans Alexis Monteil, nouvelle édition augmentée de la manière de considérer ce traité et de s'en servir, Paris, 1836, in-8°, 2 v., b., g.

342. Révolutions des peuples de l'Asie moyenne ; influence de leurs migrations sur l'état social de l'Europe, par A. Jardot, capitaine d'état-major, Paris, 1839, 2 v., in-8°, b., g.

343. Biographie universelle et portative des contemporains ou dictionnaire historique des hommes vivants et des hommes morts depuis 1788 jusqu'à nos jours, qui se sont fait remarquer par leurs écrits, leurs actions, leurs talents, leurs vertus et leurs crimes, publié sous la direction de MM. Rabbe, Vreilh de Boisjolin et Sainte-Preuve, Paris, 1836, 5 v., in-8°, imp. sur deux colonnes, b.

344. Dictionnaire des contemporains, contenant toutes les personnes notables de la France et des pays étrangers, avec leurs fonctions, leurs œuvres, etc., rédigé avec le concours d'écrivains et de savants de tous les pays, par M. Vapereau, Paris, Hachette, 1861, 1 vol. in-4°, r., a.

345. Dictionnaire universel d'histoire et de géographie, par M. Bouillet, 14ᵉ édition, Paris, Hachette, 1858, 1 fort vol. in-8°, r. a.

346. Discours sur l'histoire universelle, par Bossuet, in-12, 1 v., r.

347. Suite de l'histoire universelle de Mgr l'évêque de Meaux, depuis l'an 800 jusqu'en 1700, 2ᵉ partie, Paris, 1763, in-12, 1 v., r.

348. Essai historique sur les révolutions, par Chateaubriand, Paris, Pourrat et Furne, 1835, in-8°, 2 v., r.

349. Dictionnaire historique ou mélange curieux de l'histoire sacrée et profane, par Louis Moreri, Paris, 1712, in f°, 5 v., r.

350. Table historique et géographique de l'univers.

351. Vie de Merlin, attribuée à Geoffroy de Moumouth, suivie des prophéties de ce barde, tirées du 4ᵉ livre de l'histoire des Bretons, publiées d'après les manuscrits de Londres, par Francisque Michel et Thomas Wright, Paris, Firmin Didot, 1837, in-8°, 1 v., b.

352. Règle et statuts des Templiers, précédés de l'histoire de l'Éta-

blissement, de la destruction et de la continuation moderne de l'Ordre du Temple, par Maillart de Chambure, Paris, 1840, in-8°, 1 v., b., g.

353. L'Histoire poétique, par le P. Gautruche, 1726, in-12, 1 v., r.

354. Histoire du progrès de la civilisation en Europe depuis l'ère chrétienne jusqu'au 19e siècle, par M. Roux-Ferrand, 1833-41, in-8°, 6 v., b., g.

355. Cours d'études historiques, par M. Daunou, pair de France, Paris, Didot, 1842, in-8°, 20 v., b., g.

356. Manuel biographique ou dictionnaire abrégé des grands hommes, par Jacquelin, revu par Noël, Paris, 1825, in-18, 2 v., b.

357. Histoire universelle, par M. de Ségur, Paris, 1821, in-8° avec atlas, 11 v., r.

358. Histoire de l'Europe et des colonies européennes, depuis la guerre de sept ans jusqu'à la révolution de juillet 1830, par M. Lenglet, président à la Cour de Douai, 1838, in-8°, 6 v., b.

359. L'année historique, par Jules Zeller, 1859-1860, 2 v. in-12, b., g.

360. Annuaire historique, 1861-1862, in-12, 2 v., b., g.

361. Le cabinet historique, années 1858, 1859 et 1860, 3 v. in-8°, b., g.

362. Etudes d'histoire moderne, par M. Villemain, 1846, in-12, 1 v., r.

363. Vies de quelques hommes illustres, Homère, Cicéron, César, Héloïse, Abélard, Guillaume Tell, Guttemberg, Jeanne d'Arc, Christophe Colomb, Cromwell, Milton, Madame de Sévigné, Bossuet, Fénélon et Nelson, t. 34, 35, 36, des œuvres complètes de Lamartine, 3 v., b., a.

364. Dictionnaire historique et critique de Bayle, Rotterdam, 1697, in-8°, 4 v., r., a.

365. Histoire des classes ouvrières et des classes bourgeoises, par M. Adolphe Granier de Cassagnac, Paris, Auguste Desrez, 1838, in-8°, 1 v., b., g.

366. Tablettes chronologiques contenant la suite des Papes, Empereurs et Rois, qui ont régné depuis la naissance de J.-C. jusqu'à présent, pour servir de plan à ceux qui lisent l'histoire profane, par G. Marcel, 1703, 1 v. in-18, en forme d'atlas.

HISTOIRE ANCIENNE

GRECQUE ET ROMAINE.

367. OEuvres complètes de Rollin, divisées en deux sections : 1° Histoire ancienne, 14 vol.; 2° Histoire romaine en 16 vol., continuée par Crevier, Paris, 1767, 30 v. in-12, b.

368. Iconographie ancienne, recueil des portraits authentiques des Empereurs, Rois et hommes illustres de l'antiquité, par M. Visconti, 9 v., in-4°, b., savoir : Iconographie grecque, éditée en 1811, 4 v.; Iconographie romaine, éditée en 1829, 5 v., g.

369. Tables de l'histoire ancienne, par Lionnois, prêtre, 1766, 3 v. in-12, r.

370. Histoire ancienne, par M. Guillemin, recteur d'Académie, 1852, 1 v. in-12, r., g.

371. Abrégé de l'histoire grecque jusqu'à la domination romaine, Lille, 1812, 1 v. in-8°, r.

372. Beautés de l'histoire grecque, par Durdent, Paris, 1822, 1 v. in-8°, r.

373. Hérodote, 1676, 3 v. in-12, r.

374. La retraite des dix mille, de Xénophon, ou l'expédition de Cyrus contre Artaxercès, de la traduction de Nicolas Perrat, sieur d'Ablaincourt, Paris, 1858, 1 v. in-8°, r.

375. Alcibiade dans les quatre périodes de sa vie, 1re et 2e partie, 1 v. in-12, r.

376. OEuvres complètes de Plutarque, traduites du grec, par Jacques Amyot, grand aumônier de France, Paris, 1786, 22 v. in-8°, r.

377. Des hommes illustres de Rome, par Pline (en latin), 1658, 1 v. in-18, r.

378. Conjuration de Catilina et guerre de Jurgutha contre les Ro-

mains, par Salluste, en latin et français en regard, 1 v. in-12, r.

379. Caii sallustii crispi, opera cum notis selectissimis variorum, Rotomagi, 1735, 1 v. in-18, b.

380. Histoires de Tite-Live depuis la fondation de Rome, édité à Lyon, en..., 1 v. in-12.

381. Histoire romaine de Niebuhr, traduite de l'allemand sur la 3ᵉ édition, par M. de Golbéry, Paris, 1830, 8 v. in-8°, b., g.

382. Histoire romaine de Dion Cassius, traduite en français par M. Gros, Paris, Didot, 1845, format in-8° (en cours de publication), 8 vol. parus, g.

383. Mnémosyme romaine, narration des évènements de l'histoire de Rome, depuis la fondation de cette ville jusqu'à l'établissement de l'Empire, suivies de vers techniques aidant à graver dans la mémoire les faits et leurs dates, par Ferd. Cadart, d'Hesdin, professeur au collége royal de Douai, 1841, 2 v. in-12, b.

384. Histoire des Etablissements romains du Rhin et du Danube, par Maximilien de Ring, 1853, 2 v. in-8°, b., g.

385. Histoire philosophique de Marc-Aurèle, par M. Ripault, ex-membre de l'Institut d'Egypte, ex-bibliothécaire de Napoléon, 1830, 4 v. in-8°, b.

386. Commentaires de Jules-César, d'après la version de Blaise de Vigenère, bourbonnais (avec annotations), Paris, 1589, 1 fort vol. in f°, doré sur tranches.

387. Les Commentaires de César, traduits par Varney, Paris, 1810, 2 v. in-8°, b.

388. Commentaires de César sur la guerre des Gaules, avec la traduction française de la collection Pankoucke, par M. Artaud, suivi des réflexions de Napoléon 1ᵉʳ et de la vie de César, par Suétone, Paris, 1860, 1 v. in-12, b., a.

389. Considérations sur Alésia, des Commentaires de César, par M. Deville, 1859, 1 v. in-8°, b.

390. Histoire des Arsacides, par P. Martin, Paris, imprimerie impé-

riale, 1850, 2 v. in-8°, b., g.

Du Panthéon littéraire, in-4°, b., contenant :

391. Choix des historiens grecs, avec notices biographiques par Buchon. Hérodote : Histoire, vie d'Homère ; Ctésias : Histoire de Perse, Histoire de l'Inde ; Arrien : Expédition d'Alexandrie. — Suivis de l'essai sur la chronologie d'Hérodote, et du canon chronologique de Larcher, avec une carte de l'expédition d'Alexandre, servant à l'éclaircissement de la géographie de l'Asie, 1 v., g.

392. OEuvres complètes de Tucydide et Xénophon, 1 v., g.

393. Ouvrages historiques de Polybe, Hérodien et Zozyme (histoire romaine), 1 v., g.

394. OEuvres complètes de Flavius Joseph, Autobiographie de Flavius Joseph ; Histoire ancienne des Juifs ; Histoire du martyre des Machabées ; Réponse à Appion et justification de l'histoire ancienne des Juifs, 1 v., g.

395. Histoire de la décadence et de la chûte de l'Empire romain, par Edouard Gibbon, 2 v., g.

De la collection des auteurs grecs avec traduction en latin, in-4°, b., g., savoir :

396. Hérodote, 1 v., Histoires

397. Tucydide, 1 v., Histoire de la guerre du Péloponèse.

398. Xénophou, 1 v., OEuvres complètes.

399. Arrien, 1 v., Expédition d'Alexandre.

400. Plutarque, 5 v., Vies des hommes illustres.

401. Pausanias, 1 v., Voyages historiques de la Grèce.

402. Diodore de Sicile, 2 v., Histoire universelle.

403. Polybe et Appien, 2 v., Histoire générale de la République romaine.

404. Flavius Joseph, 2 v., OEuvres diverses.

405. Fragments historiques, 5 v.

De la collection des auteurs latins, avec la traduction en français, in-4°, b., g., savoir :

406. César, 1 v. Commentaires.

407. Salluste, 1 v., Guerre de Jurgutha, Conjuration de Catilina. Fragments. Deux lettres de César.

408. Tite-Live, 2 v., Histoire romaine.

409. Tacite, 1 v., Annales, Histoire, Vie d'Agricola, Mœurs des Germains.

410. Justin, 1 v., Histoire universelle.

411. Suétone, 1 v., Vie des douze Césars.

412. Quinte Curce, 1 v., Histoire d'Alexandre.

HISTOIRE RELIGIEUSE.

Monographies, Biographies et Vies des Saints. — Critiques.

413. Histoire du peuple de Dieu, par J. Berruyer, Paris, 1734, in-4°, avec gravures initiales, cartes et tableaux, 8 v., r.

414. Histoire sainte, suivie de l'Histoire de Jésus-Christ et de celle des Papes, par le P. Gautruche, Caen, 1668, in-18, 1 v., r.

415. Histoire de la Bible, Paris, 1737, in-18, 1 v., r.

416. Tables de l'Histoire sainte (en 9 feuilles), 1 v., r.

417. Courtes notes historiques sur le Nouveau Testament de N. S. J. C., avec le texte de la Vulgate, promulguées par ordre du pape Sixte-Quint, Anvers, 1716, in-18, 1 v., r.

418. Histoire générale des cérémonies, mœurs et coutumes de tous les peuples du monde, représentées en 243 figures, dessinées de la main de Bernard Picart, par les abbés Bagnier et Mascrier, Paris, Rollin fils, 1741, in-f°, 7 v., r.

419. Mœurs des Israélites et des Chrétiens, par l'abbé Fleury, Paris, 1766, in-12, 1 v., r.

420. Histoire ecclésiastique, par l'abbé Fleury, Paris, 1691, in-4°, 20 v., r.

421. Histoire ecclésiastique, d'Orderic Vital, Paris, 1840, in 8°, 2 v., b., g.

422. Histoire ecclésiastique des Pays-Bas, etc., par Guill. Gazet, Valenciennes, 1614, in-4°, 1 v., r.

423. Histoire des religieux ou ordres de chevaliers, par M. Hermant, 1726, in-12, 2 v., r.

424. Costumes des ordres religieux de l'un et de l'autre sexe, Francfort, 1585, petit in-4°, texte latin, 1 v., r.

425. Sulpici severi historia sacra, Amsterdam, 1635, in-16, 1 v., r.

426. De Tabernaculo Fœderis, de sancta civitate Jerusalem et de

templo ejus libri septem, par Bernard Lamy, Paris, 1720, in-f°, 1 v., r.

427. Tablettes chronologiques, contenant avec ordre l'état de l'Eglise en Orient et en Occident, les conciles généraux et particuliers, les auteurs ecclésiastiques, les schismes, hérésies et opinions qui ont été condamnés, par Marcel, Paris, 1682, in-8°, 1 v., r.

428. Histoire du grand miracle arrivé au Très-Saint Sacrement, 1 v. in-12, r., le titre et les derniers feuillets manquent.

429. Les véritables actes des martyrs, par Thierry Ruinart, traduction de Drouet de Maupertuy, Paris, 1825, in-12, 3 v., r.

430. Vies des Saints (en latin), 1663, in-18, 1 v., r.

431. Les nouvelles vies des Saints, corrigées et augmentées de plus de 120 vies de saints et dévotes personnes, non encore imprimées, 2 v. in-f°, r., avec 12 gravures représentant les fêtes des 12 mois de l'année.

432. Les abbés de Saint-Bertin, par M. de La Plane, Saint-Omer, Chanvin fils, 1854, in-8°, 2 v., b., g.

433. Grégoire VII, Saint-François d'Assise, Saint-Thomas d'Aquin, par M. Delecluze, Paris, 1844, in-8°, 2 v., b., g.

434. Les églises de l'arrondissement du Havre, par l'abbé Cochet, 1846, in-8°, 1 v., b., g.

435. Histoire des évêques d'Évreux, par M. G.-E. Sauvage (de Saint-Pol), Evreux, 1846, in-18, 1 v., b.

436. Histoire de l'abbaye de Saint-Pierre de Jumiéges, par un religieux bénédictin de la Congrégation de Saint-Maur, manuscrit de 1762, 1 v. in-4°, r.

437. Liste des religieux bénédictins de la province de Normandie, assemblés en diète à l'abbaye du Bec, le 22 juin 1738, Rouen, 1788, une feuille de 5 colonnes.

438. Vie de Jeanne Biscot, fondatrice de la Société des filles de Sainte-Agnès, d'Arras (de qui vient peut-être l'idée des salles d'asiles), Valenciennes, 1692, in-12, 1 v., r.

439. La vie du R. P. Pierre Canisius, Paris, 1707, in-12, 1 v., r.

440. Vie de Fénélon, 1724, in-18, 1 v., r.

441. Vie de Saint-François de Sales, évêque et prince de Genève, par

M. de Marsollier, Paris, 1789, in-12, 1 v., r.

442. Vie de Madame Helyot, Paris, 1683, in-8°, 1 v., r.

443. Vie de Saint-Irénée, deuxième évêque de Lyon, Père de l'Eglise et martyr, Paris, 1723, in-12, 2 v., r.

444. Vie et tableau des vertus de Benoit-Joseph Labre, suivi de l'histoire de l'émigration des religieuses supprimées dans les Pays-Bas, par l'abbé Marconi et le P. Harel, Paris et Bruxelles, 1784 et 1785, in-12, 1 v., r.

445. Histoire de la vie édifiante de Madame Louise-Marie de France, tante du Roi, morte religieuse carmélite à Saint-Denis, le 23 décembre 1787, Paris, 1788, in 8°, 1 v., r.

446. Vie de Mgr Pavillon, évêque d'Alet, par Saint-Miel, 1738, in-12,

447. Vie de Jean-Baptiste Villers, prêtre principal du séminaire provincial des évêques, à Douai, Ypres, 1774, in-24, 1 v., r.

448. Vie de Saint-Paul-Serge, fondateur de l'église de Narbonne, par M. l'abbé Robitaille, chanoine titulaire d'Arras, 1857, in-18, 1 v., b.

449. Histoire abrégée de la dernière persécution de Port-Royal, suivie de la vie édifiante des domestiques de cette sainte maison, 1750, in-12, édition royale en 3 vol., r. (le 2e manque).

450. Histoire du luthéranisme, par L. Maimbourg, Paris, 1680, in-12, 2 v., r.

451. Bélisaire, par Marmontel, La Haye 1775, 1 vol. petit in8°, contenant quelques gravures noires, des fragments de philosophie, morale, et un travail ayant pour titre : les 37 vérités opposées aux 37 impiétés de Bélisaire, par un bachelier ubiquiste, 1 v., r.

452. Etudes d'histoire religieuse, par Ernest Renan, 1858, in-8°, 1 v., r.

453. La Chaire d'Hébreu, au collége de France, par M. Renan, 1862, brochure reliée avec le vol. précédent.

454. Histoire et religion, par A. Peyrat, 1858, 1 v. in-18, r.

HISTOIRE DE FRANCE.

Histoire générale, Mémoires, Chroniques, Biographies, Monographies, etc.

455. Histoire de France depuis l'établissement de la monarchie jusqu'au règne de Louis XIV, par l'abbé Velly, continuée par Villaret et Garnier, Paris, 1767, in-12, en 24 vol., r. (incomplet).

456. Inventaire général de l'Histoire de France, depuis Pharamond jusqu'à Louis XIV, à présent régnant, par Jean de Serres, nouvellement enrichie de figures en taille douce de tous les rois, Rouen, 1647, 1 v. in-f°, r.

457. Nouvelle Histoire de France, par M. de Boulainvilliers, manuscrit contenant des anecdotes du gouvernement de France, pour servir de supplément à l'histoire générale du royaume, 1772, 1 v. in-8°, r.

458. Abrégé chronologique de l'histoire de France, en 2 parties, 1 v. petit in-8°, r. (la 1re partie manque).

459. Table historique et géographique de la France, une feuille cartonnée.

460. Table des rois de France, depuis Pharamond jusqu'à Louis XV, une feuille cartonnée.

461. Tables historiques des rois de France, 9 feuilles détachées.

462. Histoire critique de l'établissement de la monarchie française dans les Gaules, par l'abbé Dubos, 1742, in-12, 4 v., r.

463. Instruction sur l'Histoire de France, par demandes et par réponses, jusqu'à Charles X, par Leragois, Lille, 1828, in-12, 2 v., r.

464. Explication du tableau de l'Histoire de France depuis les Gaulois jusqu'à nos jours, par Hocquart, Paris, 1822, une broch. in-18 de 22 pag.

465. Histoire des Français, par Théophile Lavallée, 2 v. in-8°, r., g.

466. Histoire des Français des divers Etats aux cinq derniers siècles, par Monteil, 1853, in-12, 5 v., b., a.

467. Nouvel abrégé chronologique de l'Histoire de France, par le Président Hénault, 1749, 1 v. in-4°, r., a.

468. Histoire de France jusqu'en 1789, par Henri Martin, 1844, in-8°, 19 v., b., g.

469. Théorie des lois politiques de la Monarchie française, par Mlle de Lezard'ère, 1844, in-8°, 4 v., b., g.

470. Analyse raisonnée de l'Histoire de France, depuis le règne de Clovis jusqu'à celui de Philippe VI de Valois, Paris, 1835, 3e vol. des études historiques de M. de Chateaubriand, r.

471. La Renaissance, Roland ou la chevalerie, par M. Delécluse, Paris, 1845, 1 v. in-8°, b., g.

472. Histoire des divers corps de la maison militaire des rois de France, par M. Bouillier, 1818, 1 v. in-8°, b.

473. Histoire de la marine française, par M. le comte de la Peyrouse Bonfils, Paris, 1845, 1 v. in-8e, b., g.

474. Précis historique de la marine royale de France, par de Sartines, 1781, 1 v. in-12, r.

475. Etat de la France contenant le clergé, la noblesse et le tiers-état, recueil des devises héraldiques, par M. le comte de W..., Paris, 1783, in-12, 1 v., r.

476. Histoire de la vie privée des Français, par J.-B. de Roquefort, 1815. 3 v. in-8°, r., g.

477. Mœurs et vie privée des Français du 3e au 15e siècle, par Emile de la Bédollière, Paris, 1855, 3 v. in-8°, r.

478. Patria. — La France ancienne et moderne, morale et matérielle, par une Société d'écrivains, Paris, 1847, Dubochet, 2 v. in-12, b., g.

479. Galerie bretonne ou vie des Bretons de l'Armorique, par M. Périn, du Finistère, Paris, 1838, 3 v. in-8°, b., g.

480. Histoire des classes laborieuses, par Jaume, instituteur, 1 vol. in-12, b., g.

481. Batailles de terre et de mer jusques et compris la bataille de l'Alma, par le contre-amiral comte Bouët-Willaumez, 1855, 1 vol. in-8°, r., g.

482. Le Cabinet historique, revue mensuelle publiée par M. Louis Paris, ancien bibliothécaire de Reims, années 1857, 58, 59, 60, 4 v. in-8°, b., g.

483. Liste complète des Souverains de la France jusqu'à nos jours, par M. Jules Lefebvre, d'Abbeville, 1859, in-8°, 1 v., b.

484. Vie des hommes illustres de la France, depuis le commencement de la monarchie, Paris, 1754, 20 v. in-12, r.

485. Le Plutarque français, vie des hommes et des femmes illustres de la France, par Edouard Mennechet, avec portraits en pied, Paris, 1841, 8 v. in-4°, b., g.

486. Même ouvrage, nouvelle édition, 6 v. in-4°, b., g.

487. Diplômes et Chartes de l'époque mérovingienne, 1851, 1 v. in-8°, b., g.

488.   id.   id.   1re a 4e liv. in-f°, g.

489. L'honneur français, Paris, 1783, 12 v. in-12, r. (manque 1er, 2e, 4e).

490. Galeries historiques du Palais de Versailles, Paris, 1840, 6 v. in-8°, b., g.

491. Souvenirs historiques des résidences royales de France, par M. Vatout, Paris, Didot, 1837 à 1839, — Palais de Versailles, château d'Eu, Palais-Royal, Fontainebleau, Saint-Cloud, 5 v. in-8°, b., g.

492. Fontainebleau, notice historique sur cette résidence royale, par Jamin, 1838, 1 v. in-8°, b.

493. Des Etats Généraux, La Haye, 18 v. in-8°, b.

494. Résultat des Assemblées provinciales à l'usage des Etats d'une province, Bruxelles, 1788, 1 v. in-8°, r.

495. Histoire de Louis XI, par Duclos, Paris, 1745, 3 v. in-12, r.

496. Chronique et histoire composée par Philippe de Commines, contenant les choses advenues sous le règne de Louis XI et de Charles VIII, son fils, Paris, 1559, 1 v. in-18, r.

497. Histoire des démêlés du pape Boniface VIII avec Philippe-le-Bel, roi de France, par Adrien Baillet, bibliothécaire du président Lamoi-

gnon, Paris, 1798, 1 v. in-12, r.

498. De la démocratie chez les Prédicateurs de la Ligue, par M. Charles Labitte, Paris, 1841, 1 v. in-8°, b.

499. Œuvres posthumes de M. Réal, Paris, 1695, 1 v. in-8°, r.

500. Histoire de Henri-le-Grand, par Hardoin de Perefixe, 1662, 1 v. in-12, r.

501. Mémoires du duc de Sully, ministre de Henri IV, mis en ordre avec des remarques, par l'abbé de l'Ecluse, avec des observations sur ces remarques, par les abbés de Montempuis et Gouzet; l'esprit de Sully, par Mademoiselle de Saint-Vast; et l'esprit de Henri IV, par Prault, Liége, 1788, 9 v. in-12, b.

502. Portraits des personnages les plus célèbres du 16° siècle, avec notices, par Niel, grand in-f°, 12 livraisons parues, g.

503. Prœlium Wœringanum Joannis 1 Lotharingiœ Brabantiœ Ducis et S. imp. Marchionis quo memorabilis partœ Victoria-Anno Domini, 1288, Die 5 junii etc., Bruxelles, 1691, 1 vol. petit in-f°, r.

504. Vie de Saint-Louis, roi de France, Paris, 1825, Société des Bons Livres, 1 v. in-12, b.

505. Dernière Croisade et mort de Saint-Louis, par M. de Richoufftz, de Manin, brochure in-12.

506. Lettre sur le cœur de Saint-Louis, par M. Deville, 1846 br., in-8°.

507. Dissertation historique sur Jean 1er, roi de France, par M. Monmerqué, Paris, 1844, brochure in-4°.

507 bis. Histoire du chevalier Bayard, par Guyard de Berville, Paris, 1819, petit in-8° relié, avec le portrait du héros.

508. Histoire du traité de paix des Pyrénées, 1659, suivi d'un recueil de diverses matières concernant le duc de Lorraine, Cologne, 1665, 1 v. in-12, r.

509. Sacre et couronnement de Louis XIV, par le chapitre de Reims, Reims, 1654, 1 v. in-12, r.

510. Le siècle des Beaux-Arts et de la gloire, ou la mémoire de Louis XIV justifiée, par M. Osside, Paris, 1838, 1 v. in-8°, b., g.

511. Histoire de la vie de Louis de Bourbon, prince de Condé, Cologne, 1694, 1 v. in-12, r.

512. Histoire de Turenne, par l'abbé Raguenet, Amsterdam, 1788, 1 v, in-12, r.

513. Choix de Mémoires secrets, par Ch. de V..., Londres, 1788, 1er et 2e v. in-12, r.

514. Histoire de la ville de Paris, composée par D. Michel Félibien, revue, augmentée et mise au jour par D. Guy-Alexis Lobineau, tous deux prêtres religieux bénédictins de la Congrégation de Saint-Maur, justifiée par des preuves authentiques, et enrichie de plans, de figures et d'une carte topographique, Paris, 1725, 5 v. in-fo, r.

515. Description historique de la ville de Paris, par M. Piganiol de la Force, Paris, 1785, en 10 v. in-12, r. (manque 1er et 3e).

516. Histoire de l'Université de Paris, par M. Dubarle, juge au tribunal de la Seine, Paris, 1844, 2 v. in-8°, b., g.

517. Histoire du Parlement de Paris, par Aubenaz, 1re partie, 1847, 1 v. in-8°, b., g.

518. Histoire de Bretaigne, par Bertrand d'Argentrée, 1 v. in-fo r. (le titre manque).

519. Histoire de Provence, par Augustin Fabre, Marseille, 1837, 4 v. in-8°, b., g.

520. La Guienne historique et monumentale, par M. Dacourneau, Bordeaux, 1844, 2 v. in-4°, b., g.

521. Mémoires sur le Nivernais, par Née de la Rochelle, 1827, 3 v. in-8°, b., g

522. Histoire des Ducs de Bourgogne, par M. de Barante, 7e édition, 1854, 12 v. in-12, b., a.

523. Recueil de la noblesse de Bourgogne, Limbourg, etc., par J. Leroux, 1715, 1 v. in-8°, r.

524. Jeanne d'Arc, par Rienzi, 1 v, in-8°, b., g.

525. Azincourt, par Réné de Belleval, Paris, 1865, 1 v. in-8°, b., a.

526. Bibliothèque de l'école de Chartres, Revue d'érudition consa-

crée spécialement à l'étude du moyen-âge, 25e année, 1861, 1 v. in-8°, b., g.

527. Table historique, généalogique et chronologique des Ducs de Lorraine, depuis Gérard d'Alsace, 1er duc héréditaire, jusqu'à Stanislas le Bienfaisant, par Lionnois, prêtre, 1765, 1 v. in-8°, r.

528. Histoire de la ville de Bordeaux, 1re partie, par Dom Devienne, religieux de la Congrégation de Saint-Maur, 1771, 1 v. in-4°, r.

529. Précis de l'histoire de la ville de Langres, par M. Migneret, avocat, Langres, 1835, 1 v. in-8°, b., g.

530. Notice sur la ville de Dieppe, par Jules Saint-Amour, Paris, 1835, brochure in-12, de onze pages.

531. Mémoires de Vordac, Paris, 1711, un vol. in-12, r.

532. Mémoires du Cardinal de Retz, Amsterdam, 1723, 4 v. in-12, r.

533. La vie politique et militaire du maréchal duc de Belle-Isle, La Haye, 1762, 1 v. in-12, r.

534. Campagne de M. le maréchal de Marsin, en Allemagne, l'an 1704, Amsterdam, 1762, en 2 v, in-12, r. (le 1er manque).

535. Mémoires du maréchal de Villars, 1736, 3 v. in-18, r.

536. Campagne de M. le maréchal de Villars, en Allemagne, l'an 1703, Amsterdam, 1762, en 2 v. in-12, (le 2e manque).

537. Mémoires de La Chalotais, 1766, un vol. in-12.

538. Les nièces de Mazarin, par Amédée Rénée, Paris, 1857, un vol. in-8°, b., g.

539. Eloge de Colbert, prononcé par Necker à l'Académie française, en 1773, un vol. in-8°, r.

540. Histoire de la Bibliothèque mazarine, par M. Alfred Franklin, attaché à cette bibliothèque, Paris, 1859, un vol. in-12, b.

541. Recherches historiques sur le collége des quatre nations, par M. Alfred Franklin, de la Bibliothèque mazarine, 1862, un vol. in-8°, b.

542. Précis historique sur l'Imprimerie nationale, par Duprat, 1848, un vol. in-8°, b., g.

543. Esquisses généalogiques concernant un grand nombre de fa-

milles, Paris, Dumoulin, 1863, un vol. in-8°, b., imprimé à Saint-Pol.

544. Histoire de Madame de Sévigné, par Aubenas, un v. in-8°, b., g.

545. Mémoires sur la Bastille, par Linguet, Londres, 1783, un vol. in-8°, r.

546. Commentaires de Messire Blaise de Montluc, maréchal de France, 1760, 4 v. in-8°, b.

547. Mémoires du maréchal de Berwick, Londres, 1738, 1 v. in-18, r.

548. La pratique de l'éducation des princes, ou l'histoire de Guillaume de Croy, par M. de Varillas, 1784, un vol. in-18, r.

549. Œuvres de Brantôme, Londres, 1779, 16 v. in-12, r.

550. Mémoires de Gaspard, comte de Chavagnac, 1699, 1 v. in-12, b.

551. Procès de Robert-François Damiens, Paris, 1757, 1 v. in-4°, r.

552. Vie du Dauphin, père de Louis XVI, un vol. in-8°, b.

553. Collection de tous les ouvrages pour ou contre M. Necker, 1782, 3 v. in-12, réunis par une seule reliure.

Choix de Chroniques et Mémoires comprenant les volumes ci-après, de la collection du Panthéon littéraire (b. g.).

13e Siècle.

554. Chroniques étrangères relatives aux expéditions françaises pendant le 13e siècle, 1 vol.

14e Siècle.

555. Les Chroniques de Sire Jean Froissart, nouvellement revues et augmentées d'après les manuscrits, avec notes, éclaircissements, table et Glossaire, 3 vol. Le tome 3e contient le livre des faits de Jean Bouciquaut, maréchal de France.

15e Siècle.

556. Mémoires de 1448 à 1467, par Jacques Duclercq, — Pièces re-

latives à la prise de Constantinople, en 1453, par le même, — Mémoires de 1407 à 1435, par Jean Lefebvre, de St-Rémy, — Mémoires sur Jacques Cœur et actes de son procès, par le même, 1 v.

557. Chroniques de 1444 à 1461, par Mathieu de Coussy, — Chroniques de Louis XI, de 1461 à 1483, par Jean de Troyes, — Chroniques du comte de Richemont, Chronique anonyme de la Pucelle, interrogatoires de la Pucelle, divers documents sur la Pucelle, par Guillaume de Gruel, — Mémoires de 1407 à 1427; journal d'un bourgeois de Paris de 1409 à 1449; Poëme anglais sur la bataille d'Azincourt, par Pierre de Fenin, 1 v.

558. Chroniques d'Enguerrand de Monstrelet, 1 v.

559. Œuvres historiques de Sire George Chatellain, 1 v.

560. Mémoires sur les règnes de Louis XI et Charles VIII, par Ph. de Commines, — Mémoires sur l'expédition de Naples, par Guillaume de Villeneuve, — Mémoires sur la Maison de Bourgogne, par Olivier de la Marche, — Chronique de Jules Delalain, par George Chastellain, — Chronique de la Tremouille, par J. Bouchet, 1 v.

16e SIÈCLE.

561. Mémoires de Gaspard de Saulx-Tavannes, — Mémoires de Boyvin de Villars, 1 v.

562. Chronique novenaire et septenaire de Palma Cayet, — Mémoires de Michel de Marillac d'Estat de Villeroy et du duc d'Angoulême, 2 v.

563. Commentaires du maréchal Blaise de Montluc, — Mémoires du maréchal de Vieille-Ville, 1 v.

564. B. de Salignac, — G. de Colligny, — La Chastre, — Guillaume de Rochechouart, — Michel de Castelnau, — J. de Mergey, — F. de la Noue, — Ach. de Gamon, — J. Philippe, — Duc de Bouillon, — Guillaume de Saulx-Tavanne, — Marguerite de Valois, — J. Aug. de Thou, — J. Choisnin, — Merle, 1 v.

565. Le loyal serviteur, chronique de Bayart, — Vie du Connétable de Bourbon, par Guillaume de Marillac, — Continuation de Marillac, par Antoine Laval, — Sac de Rome en 1527, par Jacques Buonaparte.

6.

— Mémoires du jeune aventureux par R. de la Marcq, seigneur de Fleurange, — Journal de Louise de Savoie, — Mémoires de Martin et Guillaume du Bellay, 1 v.

566. Commentaires de l'état de la religion et République, par Pierre de la Place, — Histoire de l'Etat de France, par L. Regnier de la Planche,— Mémoires de Théodore Agrippa d'Aubigné, — Commentaires des dernières guerres en la Gaule Belgique, par François de Rabutin, 1 vol.

567. Les négociations du Président Jeannin, 1 v.

568. Chroniques de la maison de Bourgogne de 1500 à 1527, par Robert Macquereau, — Mémoires de 1528 à 1599, par le comte de Cheverny, — Mémoires de 1599 à 1601, par Philippe Hurault, — Mémoires de 1572 à 1587, par J. Pape, seigneur de Saint-Auban, — Satyre Menippée, par le même, 1 v.

569. Esquisse des principaux faits de nos annales nationales du 13ᵉ au 17ᵉ siècle, pour servir d'introduction à la lecture des chroniques du Panthéon littéraire, Paris, Desrez, 1840, in-8°, 1 v., a.

---

570. **Collection universelle des Mémoires divers relatifs à l'Histoire de France,** Londres, 1785 à 1790, 66 vol. in-8°, en partie reliés.

Mémoires du duc de Joinville, 1215 à 1270, t. 1, 2, 3.

— de Bertrand du Guesclin, 1311 à 1380, t. 3, 4, 5.

— de Christine de Pisan, 1337 à 1380, t. 5.

— de Pierre de Fenin, 1407 à 1442, t. 5.

— de Jean Lemaingre, dit *Boucicaut*, 1370 à 1418, t. 6.

— concernant la pucelle d'Orléans, 1422 à 1430, t. 7.

— d'Artus III, duc de Bretagne, comte de Richemont et connétable de France, 1393 à 1457, t. 7.

— de Florent, sire d'Illiers, 1350 à 1461, t. 7.

Mémoires d'Olivier de la Marche, 1435 à 1488, t. 8, 9.

— de Jacques Du Clercq, 1448 à 1467, t. 9.

— de Philippe de Commines, 1464 à 1497, t. 10, 11, 12.

— de Jean de Troyes, greffier de l'hôtel-de-ville de Paris, ou autrement dit : la Chronique scandaleuse, 1460 à 1483, t. 13.

— de Guillaume de Villeneuve, 1494 à 1496, t. 14.

— de Louis II, seigneur de la Trimouille, dit le chevalier sans reproche, 1460 à 1525, t. 14.

— du chevalier Bayard, 1489 à 1524, t. 14, 15.

— de Robert de la Marck, 1499 à 1521, t. 16.

— de Louise de Savoie, 1459 à 1522, t. 16.

— de Martin du Bellay, 1513 à 1547, t. 17, 18, 19, 20, 21.

— de Blaise de Montluc, 1521 à 1594, t. 22, 23, 24, 25, 26.

— de Gaspard de Saulx, seigneur de Tavannes, 1522 à 1573, t. 26, 27, 28.

— de François de Scepeaux, sire de Vielleville, 1527 à 1571, t. 28, 29, 30, 31, 32, 33.

— de François de Boivin, baron du Villars, 1558 à 1560, t. 33, 34, 35, 36, 37.

— de François de Rabutin, 1551 à 1559, t. 37, 38, 39.

— de Bertrand de Salignac, seigneur de la Mothe-Fénélon (siége de Metz), 1552, t. 39, 40.

— de Gaspard de Coligny, seigneur de Chastillon (siége de Saint-Quentin), 1557, t. 40.

— de M. de La Chastre, voyage du duc de Guise en Italie, prise de Calais et de Thionville, 1556, t. 40.

— de Guillaume de Rochechouart, 1514 à 1565, t. 40.

— de Jean de Mergey, 1554 à 1597, t. 41.

— de Michel de Castelnau, 1559 à 1570, t. 41, 42, 43, 44, 45, 46.

Mémoires d'Achille Gamon, avocat et consul d'Anonai, 1558 à 1586, t. 46.

— de Jean Philippi, 1560 à 1590, t. 46.

— de François, seigneur de la Noue, 1562 à 1570, t. 47.

— de Henri de la Tour d'Auvergne, vicomte de Turenne, puis duc de Bouillon, 1555 à 1586, t. 47, 48, 49.

— de Guillaume de Saulx, seigneur de Tavannes, 1560 à 1595, t. 49.

— de Philippe de Hurault de Cheverny, 16ᵉ siècle, t. 50, 51, 52.

— de Marguerite de Valois, reine de France et de Navarre, 1561 à 1582, t. 52,

— de Jacques-Auguste de Thou, 16ᵉ siècle, t. 53, 54, (53 manque).

— de Mathieu de Merle, 1568 à 1580, t. 54.

— de Jean Choisnin, 1571 à 1573, t. 54.

— de Pierre-Victor-Palma Cayet, 1589 à 1598, 55 à 60.

— de Jacques Pape, seigneur de Saint-Auban, 1572 à 1587, t. 61.

— de Nicolas de Neufville, sieur de Villeroy, 1574 à 1594, t. 61, 62.

— de Charles de Valois, duc d'Angoulème, 1589, t. 62.

Les volumes 63, 64, 65, 66, manquent.

T. 67, — partie des Mémoires de Brantôme.

Les volumes 69, 70, manquent.

T. 70, — 2ᵉ vol. de la chronologie septennaire.

Table générale des matières, 1ᵉʳ vol. comprenant les matières des 21 premiers volumes.

Publications de la Société de l'Histoire de France (g).

571. Histoire ecclésiastique de France, par Grégoire, évêque de Tours, traduite par Gadet et Taranne, Paris, 1837, 3 v. in-8°, b.

572. Comptes de l'hôtel des rois de France, aux 14e et 15e siècles, publiés par M. Douet d'Arcq, Paris, 1865, 1 v. in-8°, b.

573. Compte de l'argenterie des rois de France au 14e siècle, par M. Douet d'Arcq, Paris, 1851, 1 v. in-8°, b.

574. Chansons de Thibaut IV, comte de Champagne et de Brie, roi de Navarre, Rennes, 1851, in-8°, 1 v., b.

575. Commentaires et lettres de Blaise de Montluc, maréchal de France, édition publiée par M. Alphonse de Ruble, Paris, 1864, in-8°, 1er et 2e v., b.

576. Œuvres completes de Pierre de Bourdeille, seigneur de Brantôme, publiées par Ludovic Lalanne, 1er et 2e v.

577. Mémoires de Pierre de Fénin, contenant le récit des évènements qui se sont passés en France et en Bourgogne, sous les règnes de Charles VI et Charles VII (1407 à 1427), par Mademoiselle Dupont, Paris, 1837, 1 v. in-8°, b.

578. Mémoires du marquis de Beauvais Nangis, et journal du procès du marquis de la Boulaye, publiés par MM. Monmarqué et Taillandier, Paris, 1863, in-8°, 1 v. b.

579. Choix de pièces inédites relatives au règne de Charles VI, publié par M. Douet d'Arcq, Paris, 1863, 1 v. in-8°, b.

580. Chronique de Mathieu d'Escouchy, nouvelle édition publiée par G. Du Fresac de Beaucourt, Paris, 1863, 1 v. in-8°, b.

581. Jacques Cœur et Charles VII, ou la France au 15e siècle, par M. Clément, 1856, 1 v. in-8°, b.

582. Mémoires et lettres de Marguerite de Valois, nouvelle édition, publiée par M. Guessard, Paris, 1842, 1 v. in-8°, b.

583. Lettres du cardinal Mazarin à la reine princesse Palatine, etc., écrites pendant sa retraite hors de France, en 1651 et 1652, avec notes et explications, par M. Ravenel, Paris, 1838, 1 v. in-8°, b.

584. Annuaire historique, publié par la Société de l'Histoire de France, à partir de l'année 1838, format in-18, 25 v., b.

585. Résumé des travaux de cette Société jusqu'au 1er juillet 1864, 1 v. in-18, b.

Collection de documents inédits sur l'Histoire de France, publiés par ordre du Gouvernement, à partir de 1835, en volumes in-4°, cartonnés ou brochés.

1re Série. — Histoire politique.

586. Rapport au Roi et pièces, par M. Guizot, ministre de l'instruction publique, 1 v.

587. Mémoires militaires relatifs à la succession d'Espagne sous Louis XIV, extraits de la correspondance de la Cour et des généraux par le lieutenant général de Vault, directeur du dépôt de la guerre, mort en 1790, revus, publiés et précédés d'une introduction par le lieutenant général Pelet, directeur général du dépôt de la guerre, t. 1er à 11 et un atlas.

588. Négociations relatives à la succession d'Espagne sous Louis XIV, avec texte historique et introduction, par M. Mignet, 4 v.

589. Correspondance administrative sous le règne de Louis XIV, publiée par M. Depping, en 4 volumes :

T. 1er. Etats provinciaux, Affaires municipales et communales.

T. 2. Administration de la justice, Police, Galères.

T. 3. Affaires de finances, Commerce, Industrie.

T. 4. Travaux publics, Affaires religieuses, Protestants, Sciences, Lettres et Arts, Pièces diverses.

590. Tableau général numérique par fonds, des archives départementales antérieures à 1790, publié par la Commission des archives départementales et communales, 1 v.

591. Catalogue général des Cartulaires des archives départementales, publié par la même Commission, 1 v.

592. Relations des ambassadeurs vénitiens sur les affaires de France au 16° siècle, recueillies et traduites par M. Tommasseo, 2 v.

593. Histoires de la croisade contre les hérétiques albigeois, écrite en vers provençaux, par un poëte contemporain, traduite et publiée par M. Fauriel, 1 v.

594. Chronique de Bertrand du Guesclin, par Cuvelier, trouvère du 14° siècle, publié pour la 1re fois par M. Charrière, 2 v.

595. Cartulaire de l'église Notre-Dame de Paris, publié par M. Guérard, 4 v.

596. Cartulaire de l'abbaye de Saint-Victor de Marseille, publié par M. Guérard, 2 v.

597. Cartulaire de l'abbaye de Saint-Bertin, par le même, 1 v.

598. Cartulaire de l'abbaye de Saint-Père de Chartres, par le même, 2 v.

599. Cartulaire de l'abbaye de Beaulieu (en Limousin), publié par Maximin Deloche, 1 v.

600. Cartulaire de l'abbaye de Savigny (Rhône), suivi du petit Cartulaire de l'abbaye d'Ainay, publiés par Auguste Bernard, 2 v.

601. Procès-verbaux des séances du conseil du roi Charles VII, pendant les mois d'août 1484 à janvier 1485, publiés par M. Bernier, 1 v.

602. Chronique des ducs de Normandie, par Benoit Trouvère, anglo-normand du 12° siècle, publiée pour la première fois d'après un manuscrit du Musée britannique, par Francisque Michel, 3 v.

603. Procès-verbaux des Etats-Généraux de 1593, publiés par M. Auguste Bernard, de Montbrison, 1 v.

604. Journal des Etats-Généraux de France, tenus à Tours en 1484, sous le règne de Charles VIII, rédigé en latin par Jehan Masselin, député du bailliage de Rouen, publié et traduit par M. Bernier, avocat, 1 v.

605. Mémoires de Nicolas-Joseph Foucault, intendant sous Louis XIV, publiés et annotés par M. Baudry, 1 v.

606. Négociations, lettres et pièces diverses relatives au règne de

François II, tirées du portefeuille de Sébastien de l'Aubespine, évêque de Limoges, par Louis Paris, bibliothécaire de la ville de Reims, 1 v.

607. Captivité du roi François 1ᵉʳ, par M. Champollion-Figeac, 1 v.

608. Papiers d'Etat du cardinal de Granvelle, d'après les manuscrits de la bibliothèque de Besançon, publiés sous la direction de Charles Weiss, t. 1 à 9.

609. Mémoires de Claude Haton, contenant le récit des évènements accomplis de 1553 à 1582, principalement dans la Champagne et la Brie, publiés par M. Félix Bourquelot, 2 v.

610. Recueil des lettres missives de Henri IV, publié par M. Berger de Xivrey, t. 1 à 7.

611. Li Livres de Jostice et de Plet, publiés par Rappeti, avec un glossaire des mots hors d'usage, par P. Chabaille, 1 v.

612. Loi salique, ou Recueil contenant les anciennes rédactions de cette loi, et le texte connu sous le nom de *Lex emendata*, avec notes et dissertations, par M. Pardessus, 1 v.

613. Négociations, lettres et pièces relatives à la conférence de Loudun, publiées par M. Bouchitté, 1 v.

614. Lettres de rois, reines et autres personnages des Cours de France et d'Angleterre, depuis Louis VII jusqu'à Henri IV, tirées des archives de Londres, par Brequigny et publiées par Champollion-Figeac, 1ᵉʳ et 2ᵉ v.

615. Négociations de la France dans le Levant, ou correspondances, mémoires et actes diplomatiques des ambassadeurs de France à Constantinople et des ambassadeurs, envoyés ou résidents à divers titres à Venise, Rome, Jérusalem, en Turquie, Egypte, Algérie, etc, 4 v.

616. Journal d'Olivier d'Ormesson, et extraits des Mémoires d'André Lefèvre d'Ormesson, publiés par M. Chéruel, 2 v.

617. Le livre des Métiers, d'Etienne Boileau, avec notes et introduction par M. Depping (Réglements sur les arts et métiers de Paris, rédigés au 13ᵉ siècle), 1 v.

618. Négociations diplomatiques entre la France et l'Autriche dans les trente premières années du 16ᵉ siècle, publiées par M. Leglay, 2 v.

619. Histoire de la guerre de Navarre, en 1276 et 1277, par Guillaume Anelier, de Toulouse, publiée avec une introduction, une traduction et des notes, par Francisque Michel, 1 v.

620. Les Olim, ou registres des arrêts rendus par la Cour du Roi sous les règnes de Saint-Louis, Philippe-le-Hardi, de Philippe-le-Bel, et de Philippe-le-Long, publiés par M. le comte Beugnot, 3 v.

621. Le Mystère du siége d'Orléans, publié pour la première fois d'après le manuscrit unique conservé à la Bibliothèque du Vatican, par MM. Guessard et de Certain, 1 v.

622. Paris sous Philippe-le-Bel. — Taille de Paris en 1292, par M. Géraud, 1 v.

623. Lettres, instructions diplomatiques et papiers d'Etat du cardinal de Richelieu, recueillis et publiés par M. Avenel, 1er à 5e vol.

624. Rapports au ministre en 1838, par MM. Augustin Thierry, Francisque Michel, Comte Beugnot, Génin, Varin, Baron Thénard, de Gasparin et Danton, 1 v.

625. Archives législatives de la ville de Reims, publiées par Pierre Varin. Coutumes, 1 v., Statuts, 3 v., total, 4 v.

626. Archives administratives de la même ville, publiées par le même, 5 v.

627. Table générale des matières de ces deux collections, 1 v.

628. Correspondance de Henri d'Escoubleau de Sourdis, archevêque de Bordeaux, augmentée des ordres, instructions et lettres de Louis XIII et du cardinal de Richelieu à M. de Sourdis, concernant les opérations des flottes françaises de 1636 à 1642, et accompagnée d'un texte historique, de notes et d'une introduction sur l'état de la marine en France, sous le ministère du cardinal de Richelieu, par M. Eugène Sue, 3 v.

629. Chronique des religieux de Saint-Denis, contenant le règne de Charles VI, de 1380 à 1422, publiée en latin pour la première fois, et traduite par M. Bellaguet, précédée d'une introduction par M. de Barante, 6 v.

630. Procès des Templiers, publié par M. Michelet, 2 v.

631. Négociations diplomatiques de la France avec la Toscane, publiées par M. Abel Desjardins, 3 v.

632. Recueil des monuments inédits de l'histoire du Tiers-Etat, par M. Augustin Thierry, — 1ʳᵉ série, Chartes, Coutumes, Actes municipaux, Statuts des corporations d'arts-et-métiers des villes et communes de France. Les trois premiers volumes, contenant les pièces relatives à l'histoire d'Amiens, de 1057 à 1789, 3 v.

Le tome 1ᵉʳ contient sous le titre d'introduction, un essai sur la formation et les progrès du Tiers-Etat.

Le tome 2ᵉ, une préface ayant pour titre : Tableau de l'ancienne France municipale.

La préface du 3ᵉ vol. renferme le sommaire des Notions générales que donne le recueil des actes relatifs à l'histoire municipale d'Amiens.

2ᵉ Série. — Histoire des Lettres et des Sciences.

633. L'éclaircissement de la langue française, par Jean Palsgrave, suivi de la grammaire de Giles du Guez, publiés pour la première fois en France, par F. Génin, 1852, 1 v.

634. Les quatre livres des Rois, traduits en français du douzième siècle, suivi d'un fragment de moralités sur Job, et d'un choix de Sermons de Saint-Bernard, publiés par M. Le Roux de Lincy, 1 v.

635. Ouvrages inédits d'Abélard, pour servir à l'histoire de la philosophie scolastique en France, publiés par M. Victor Cousin, 1 v.

636. Li Livres dou Trésor, par Brunetto Latini, publiés pour la première fois par M. Chabaille, 1 v.

3ᵉ Série. — Archéologie.

637. Architecture monastique, par M. Albert Lenoir, trois parties en 2 vol.

PÉRIODE DE 1789 A 1846.

638. Testament de Louis XVI, un grand tableau cartonné.

639. Histoire de la Révolution française, par M. Labaume, Paris, 1835 à 1839, 5 v. in-8°, b. (Assemblée constituante), g.

640. Nouveau dictionnaire historique des Députés à l'Assemblée nationale, Paris, 1791, in-8°, 2 v., b.

641. Les secrets de Joseph Lebon et de ses complices, par D. B. J. Guffroy, Paris, an III, 1 v. in-8°, b.

642. Procès des conspirateurs Hebert, Ronsin, Vincent et complices, condamnés à mort en l'an II, 1 v. in-24.

643. Correspondance inédite de Philippe Lebas, membre de la Convention nationale, extrait de l'histoire parlementaire de la Révolution française, Paris, 1837, broch. in-8° de 53 pages.

644. Calendrier pour l'an VI de la République, avec notice historique sur les 98 départements de la France, 1 v. in-8°, b.

645. Histoire de la Révolution française, par M. Thiers, 10 vol. in-8°, b., a.

646. Histoire du Consulat et de l'Empire, par M. Thiers, 20 v. in-8°, r., a.

647. Histoire de Napoléon 1er, par le colonel Calligaris (texte arabe), 1 v. in-8°, b., g.

648. Correspondance de Napoléon 1er, publiée par ordre l'Empereur Napoléon III, en cours de publication 22 v. parus, format in-4°, g.

649. Victoires, conquêtes, désastres, revers et guerres civiles des Français, de 1792 à 1815, par une Société de militaires et de gens de lettres, Paris, 1818, Pankoucke, 25 v. in-8°, r.

650. Tableau des victoires et conquêtes des Français.

651. Vies et Mémoires des grands capitaines de la France sous la République et l'Empire, Rochambeau, Custine et Dumouriez, Paris, 1831, 2 v. in-8°, b.

652. Un grand tableau synoptique divisé en trois colonnes, concer-

nant le sommaire de la vie de Napoléon comme conquérant, législateur et politique, par Rondonnea .

653. Mémorial de Sainte-Hélène, par le comte de Las Cases, suivi du Mémorial des docteurs O'Meara et Antommarchi, médecins de Napoléon à Sainte-Hélène, et de la relation du retour des cendres de l'Empereur, Paris, Garnier, 2 v. in-8°, r.. a.

654. Mémoires du docteur Antommarchi, ou les derniers moments de Napoléon, Paris, 1825, 1 v. in-8°, b.

655. Manuscrit venu de Sainte-Hélène d'une manière inconnue (ayant pour auteur Napoléon 1er), imprimé à Londres en 1817, 1 v. in-24, r.

656. Mémoires du duc de Rovigo, pour servir à l'histoire de Napoléon, Paris, 1828, 8 v. in-8°, b.

657. L'Arc de triomphe, dédié aux illustrations des armées françaises, par M. Stephen de la Madeleine, Paris, 1842, 2 v. in-8°, b., g.

658. Histoire de l'impératrice Joséphine, par Joseph Aubenas, Paris, 1853, 2 v. in-12, b., g.

659. Anecdotes du temps de Napoléon 1er, recueillis par Marco de Saint-Hilaire, 1861, 1 v. in-12, b.

660. Histoire des Girondins, par M. de Lamartine, tomes 9 à 15 de ses œuvres complètes, a.

661. Histoire de la Restauration. par M. de Lamartine, tomes 17 à 22 de ses œuvres complètes, a.

662. Manuscrit inédit de Louis XVIII, précédé d'un examen de sa vie politique, par Martin Doisy, avec pièces justificatives et correspondance de Louis XVIII, Paris, 1829, 1 v. in-8°, b.

663. Mélanges historiques et politiques relatifs aux évènements contemporains, par MM. Benjamin Constant, Ganilh, etc., 3 v. in-8°, b.

664. Mémoires de la duchesse d'Abrantès, 6 v. in-8°, b.

665. Compte-rendu des événements qui se sont passés à Lyon en 1816-1817, par Charrier-Senneville, 1 v. in-8°, b.

666. Biographie des hommes célèbres des Ardennes, Paris, 1830, 2 v. in-8°, b.

667. Biographic des Députés de la Chambre septennale de 1824 à 1830, 1 v. in-8°, b.

6 8. Biographic des Députés, session de 1828, 1 v. in-8°, b.

669. Actions héroïques des Parisiens pendant les 27, 28, 29 juillet 1830, br. in-18.

670. Journal de Saint-Cloud à Cherbourg, ou récit de ce qui s'est passé à la suite du roi Charles X, du 26 juillet au 16 août 1830, br. in-8°.

671. Cour des Pairs. Affaire d'avril 1834, Paris, 1835, br. in-8°.

672. Relation du siège de Saint-Jean d'Ulloa, par l'armée française, sous les ordres du contre-amiral Baudin, par MM. Blanchard et Dauzats 1 v. in-4°, r., avec 52 gravures, g.

673. Notices et Mémoires historiques par M. Mignet, Paris, 1843, 2 v. in-8°, b., g.

674. Louis-Philippe, prince et roi, 1843, 1 v. in-32, b., g.

675. Histoire de dix ans, par Louis Blanc, Paris, 1844, 5 v. in-8°, b., g.

676. Notice nécrologique sur le lieutenant général comte Andréossy, br. in-12.

677. Notice nécrologique sur le baron Larrey, membre de l'Institut, inspecteur général du service de santé, br. in-12.

678. Notice biographique sur M. Dupin aîné, par M. Ortolan, Paris, 1840, 1 v. in-8°, b.

679. Eloge du marquis de Dreux-Brézé, pair de France, par M. le duc de Noailles, 1846, br. in-8°.

680. Notice sur M. Charles Labitte (auteur de la Démocratie chez les prédicateurs de la ligue), par M. Sainte-Beuve, br. in-12.

681. Histoire de la chûte du roi Louis-Philippe, de la République et du rétablissement de l'Empire, par M. Granier de Cassagnac, 2 v. in-8°, b., g.

682. Vie et Histoire de Napoléon III, 1853, br. in-8°, de 108 p.

683. Vie de l'amiral Duperré, par F. Chassériau, 1848, 1 v., r., g.

684. Voyage de l'Empereur en Normandie et en Bretagne, par A. Davons, 1858, 1 v. in-8°, g.

685. Relation du voyage de l'Empereur dans le Midi, en Corse et en Algérie, 1860, broch. in f°, avec gravures, g.

686. Biographie d'Henri Mondeux, jeune mathématicien, br. in-18.

ARTOIS, FLANDRE ET PICARDIE

(Pas-de-Calais, Nord et Somme).

Histoire provinciale et communale. — Mémoires, Chroniques. — Biographies. — Monographies, etc.

687. ABBEVILLE. — Histoire ancienne et moderne d'Abbeville et de son arrondissement, par M. F.-C. Louandre, Paris 1835, 1 v. in-8°, b., a.

687 bis. AIRE. — Rapport sur les archives municipales d'Aire, par Morand, 1839, br. in-12.

688. AMIENS. — Antiquités d'Amiens, par A. de la Morlière, Paris, 1642, 1 v. in-f°, r.

688 bis. Histoire de la ville d'Amiens depuis les Gaulois jusqu'en 1830, ornée de 12 lithographies, par M. H. Dusevel, Amiens, Machart, 1832, 2 v. in-8° b., a.

689. ARRAS. — Discours historique sur l'inquisition d'Arras, jusqu'au 10 juillet 1491, manuscrit par fragments, incomplet, 91 pages dont plusieurs restées en blanc, br. in-f°.

690. Notice sur l'ancienne cathédrale d'Arras et la nouvelle église Saint-Nicolas, Arras, 1839, b. in-18 de 44 p.

691. Notices historiques sur les Etablissements de bienfaisance, anciens et modernes de la ville d'Arras et de la banlieue, par l'abbé Proyart, Arras, 1846, b. in-12.

692. Les rues d'Arras, par MM. d'Héricourt et Godin, Arras, 1856, 1 v. in-12, b., a.

693. Semaine de juillet 1830 à Arras, broch. in-18.

694. Les Evêques d'Arras, par M. d'Héricourt, 1853, 1 v. in-12, b.

695. ARTOIS. — Histoire d'Artois, par Dom Devienne, 1786, 2 v. in-8° r., a.

696. Histoire générale d'Artois, par Hennebert, chanoine de la cathédrale de Saint-Omer, Lille, 1786, 3 v. in-12, r.

697. Notice de l'état ancien et moderne de la province et comté d'Artois, Paris, 1748, 1 v. in-12, r.

698. Almanachs historiques et géographiques d'Artois, pour les années 1756, 60, 61, 62, 70, 72, 6 petites broch. in-32.

699. Mémoires pour servir à l'histoire de la province d'Artois, par Harduin, Arras, Michel Nicolas, 1763, 1 v. in-12, r.

700. Notices historiques relatives aux offices et aux officiers du Conseil provincial d'Artois, Douai, 1823, 1 v. in-8°, b.

701. Histoire de Flandre, Hainaut et Artois, de 1596 à 1674, par Pierre Leboucq, gentilhomme valentiennois, 1857, 1 v. in-8°, b.

702. Histoire monétaire de la province d'Artois et des seigneuries qui en dépendaient, Béthune, Fauquembergue, Boulogne, Saint-Pol et Calais, par Alexandre Hermand, de Saint-Omer, St-Omer, 1843, 1 v. in-8°, b.

703. AUBIGNY. — Petite chronologie du prieuré d'Aubigny et dépendances, manuscrit in-4°, b.

704. AUXI-LE-CHATEAU. — Château d'Auxi, par M. Dusevel, de la Société des Antiquaires de France, broch. de 24 pages avec 2 gravures représentant l'hôtel-de-ville avant 1858 et l'intérieur de l'église, a.

705. BOULOGNE-SUR-MER. — Précis de l'Histoire de Boulogne-sur-Mer, par Bertrand, Boulogne, Leroy, 1828, 2 v. in-8°, br., avec cartes et plans.

706. Notice historique sur le château de la ville de Boulogne, 1843, une brochure in-12.

707. Inscriptions et noms de la cloche du beffroi de Boulogne, 1841, une brochure in-12.

708. Notice sur le beffroi de la ville de Boulogne, 1852, une brochure in-12.

709. Notice sur le port de Boulogne, brochure in-12.

710. Histoire de Boulogne-sur-Mer, par MM. d'Hautefeuille et Benard, 1860, 2 v. in-12, b.

711. Essai bibliographique sur les impressions boulonnaises des 17e

et 18° siècles, par M. Morand, 1841, brochure in-12.

712. CALAIS. — Histoire de Calais, précédée de l'histoire des Morins, ses plus anciens habitants, par M. Lefebvre, prêtre de la doctrine chrétienne, Paris, 1766, 2 v. in-4°, r.

713. DOULLENS. — Histoire de la ville de Doullens et des localités voisines, par M. Warmé, ancien notaire, ancien maire, 1863, 1 v. in-8°, b., a.

714. DUNKERQUE. — Description historique de Dunkerque, contenant son origine, ses progrès, les grands hommes qu'elle a produits, leurs mérites, etc., par Pierre Faulconnier, Bruges, 1730, 2 tomes reliés en un vol., in-f°.

715. ETAPLES. — Notices sur cette ville par M. G. Souquet, membre de plusieurs Sociétés savantes, 10 broch. in-12 :

Usages anciens conservés, 1855.

Histoire et description des églises, id.

Histoire et description du château, id.

Notice sur l'échevinage et le bailliage, 1856.

Histoire militaire et navale de 1800 à 1806, id.

Recherches historiques sur les hommes célèbres de la ville, 1857.

Histoire des rues, 1860.

Excursion historique et archéologique dans le canton, 1861.

Histoire chronologique de Quentovic et d'Etaples, 1863.

Communication relative aux fouilles du château d'Etaples en 1864.

716. FLANDRE. — Chronique belge depuis 268 jusqu'à 1600 (en latin), par Ferry de Locre (de Saint-Pol), Arras, 1616, 1 v. in-8°, r., a. (2 exemplaires).

717. Les chroniques et annales de Flandre, de 620 à 1476, par Pierre d'Oudegherst, de Lille, Anvers, 1571, 1 v. in-8°, r., a.

718. Histoire des comtes de Flandre jusqu'à l'avènement de la maison de Bourgogne, par Edouard Leglay, Paris, 1844, 2 v. in-8°, b., g.

719. Histoire de Flandre, Hainaut et Artois, de 1596 à 1674 (voir n° 701.

720. Chronique de Flandre, anciennement composée par auteur incertain, et nouvellement mise en lumière par Denis Sauvage, historiographe du roi Henri II, suivie des Mémoires d'Olivier de la Marche, mis en ordre par le même, Lyon, 1572, 1 v. in-f°, r.

721. Histoire générale de la guerre de Flandre, divisée en deux parties, contenant toutes les choses mémorables advenues depuis l'an 1569 jusqu'à présent, par Gabriel Chapuys, augmentée des sièges mémorables de Bréda, Grol, etc., avec une briefve description des provinces des Pays-Bas, Paris, 1633, 1 v. in-f°, r.

722. Histoire de la guerre de Flandre (en latin), par Faunanus Strada, de la compagnie de Jésus, mise en français par P. Duryer, Grenoble, 1668, t. 1er, in-18, r.

723. La Flandre Wallonne, aux 15e et 17e siècles, par M. Lebon, suivie d'un rapport sur cet ouvrage, et de notes historiques relatives à la Flandre flamingante, et principalement à la ville de Bailleul, durant la même époque, Douai, Adam, 1838, 1 v. in-8°, b.

724. HESDIN. — Histoire du vieil et du nouvel Hesdin, par M. Mondelot, Abbeville, 1823, 1 v. in-8°, b., avec 3 cartes et plans.

725. Vieil-Hesdin, par Jules Lion (d'Hesdin), St-Omer, 1857, 1 v. in-12, b.

726. Histoire du Vieil-Hesdin, par l'abbé Fromentin, curé de Crépy, 1865, 1 v. in-12, b.

727. Histoire du Vieil-Hesdin (Vicissitudes, heur et malheur de cette ville), par le Dr B. Danvin, de Saint-Pol, membre titulaire de la Commission des antiquités départementales, membre correspondant de plusieurs Académies et Sociétés savantes, Saint-Pol, Bécart-Renard, libraire-éditeur, et Lille, imprimerie Horemans, 1866, 1 fort vol. in-8°, b., avec trois planches intercalées dans le texte, a.

727 bis. HEUCHIN. — Notice historique sur cette commune, par M. Paul Tailliar, avocat, Saint-Pol, imprimerie et librairie de F. Becquart, 1864, broch. in-8°.

728. LILLE. — Histoire de la ville de Lille, depuis sa fondation, jus-

qu'en 1434, par M. de M. C. D. S. P. O. L. et de la Société littéraire d'Arras, Paris, 1764, 1 v. in-12, b.

729. MONTREUIL-SUR-MER.—Histoire de cette ville, par M Lefils, avec annotations de M. Dusevel, 1860, 1 v. in-12, b.

730. L'interdit, chronique montreuilloise, par Marcel Braquehay, Arras, Tierny, 1840, 1 v. in-8°, b.

731. MONT-SAINT-ELOI. — (L'abbaye du), de 1068 à 1792, par M. de Cardevacque, d'Arras, Arras, Brissy, 1859, 1 vol. in-8°, avec atlas, b., a.

732. MORINIE. — Histoire des Morins, du P. Malbrancq, de St-Omer, traduite par G.-E. Sauvage, de St-Pol, St-Omer, Tumerel-Bertrand, libraire, et St-Pol, Bécart, libraire, 1866, in-12, 1er v. b., a.

733. PAS-DE-CALAIS. — Mémorial historique et archéologique du département du Pas de-Calais, par M. Harbaville, Arras, Topino, 1842, 2 v. in-8°, b. (2 exemplaires, l'un donné par le Gouvernement et l'autre acheté avec l'appendice publié en novembre 1842).

734. PAYS-BAS. — Les Délices des Pays-Bas, ou description générale de ses 17 provinces, de ses principales villes, de ses lieux les plus rénommés, etc., Bruxelles, 1700, 1 v. in-12, r.

735. PERNES. — Notice historique sur Pernes, par M. Paul Taillriar, Lille, 1863, broch. in-8°.

736. PICARDIE. — Résumé de l'histoire de Picardie, par P. Lami, Paris, 1825, 1 v. in-12, b., a.

737. RENTY. — Notice historique sur Renty, par M. Piers, Arras, 1835, br. in-8° de 22 pages.

737 bis. SAINS-LES-PERNES. — Aperçu historique sur cette commune, et ses principaux seigneurs, par M. Paul Tailliar, avocat, Saint-Pol, imprimerie et librairie de F. Becquart, 1865, broch. in-8°.

738. SAINT-OMER. — Histoire de la ville de Saint-Omer, par M. Jean Derheims, St-Omer, Lemaire, 1843, 1 v. in-8°, b.

739. Petites histoires des communes de l'arrondissement de St-Omer, par M. Piers, Lille, 1840, br. in-8° de 64 pages.

740. Histoire des Flamands du Haut-Pont et de Lysel-Iles-Flottantes,

Portas-Itius. Histoire des abbayes de Watten, Clairmarais, etc., etc., par M. Piers, bibliothécaire de St-Omer, St-Omer, 1836, br. in-8°.

741. Notice historique sur la Bibliothèque de St-Omer, par M. Piers, Lille, 1840, br. in-8°.

742. Catalogue des manuscrits de la Bibliothèque de St-Omer, concernant l'histoire de France, par M. Piers, Lille, 1840, broch. in-8° de 88 pages.

743. SAINT-POL. — Histoire chronographique des comtes, pays et ville de St-Pol, par Ferry de Locre, de St-Pol, Douai, Kellam, 1613, 1 v. in-8°, r.

744. Annales historiques des comtes et comté de St-Pol (en latin), par Thomas Turpin, de St-Pol, Douai, Derbuix, 1731, 1 v. in-8°, relié, contenant une quantité d'écussons et d'armoiries gravées noires.

745. Mémoires pour servir à l'histoire et description des comté, pays et ville de St-Pol-en-Ternois, recueillis par le R. P. Thomas Turpin, natif de St-Pol, prédicateur et confesseur de l'ordre des Frères prêcheurs, à St-Omer, 1730, copie d'un manuscrit de la bibliothèque de St-Omer, faite en 1863, par les soins de M. le Dr Danvin, de St-Pol, 1 v. in-8°, r.

746. Histoire de Saint-Pol, par G.-E. Sauvage, Arras, J. Degeorge, 1834, in-8°, 2 v. r., 2 exempl.

747. Tableau chronologique et généalogique des comtes de Saint-Pol, avec les dates des principaux faits de leur histoire, présentant l'origine des deux familles royales de France, sorties de St-Pol, et les alliances de familles contractées par les comtes. Dressé par M. Sauvage et faisant suite à son histoire de St-Pol.

748. Manufactures de St-Pol. Réglements des Etats d'Artois des 16 août 1781 et 21 novembre 1783.

749. Carnaval de Saint-Pol, par M. Milon, 1831, br. in-18.

750. Chanson sur le Carnaval de St-Pol, br. in-18.

751. Traité en forme de contredits, touchant le comté de Saint-Paul, dressé par le commandement de roi Henri-le-Grand, par messire Jacques de la Guesle, son procureur général, Paris, 1634, 1 v. in-8°, r.

Voir d'ailleurs le PUITS ARTÉSIEN pour beaucoup d'articles historiques sur

Saint·Pol et les communes de son arrondissement.

752. SAINT-VAAST. — (Abbaye de), Ambassade en Espagne et en Portugal de Don Jean Sarrasin, abbé de Saint-Vaast (1582), par Philippe de Caverel, abbé de St-Vaast, 3ᵉ volume des documents sur l'Artois, publiés par l'Académie d'Arras, 1 v. in-8°, b.

Ouvrages divers.

753. Mémoires de la Société des Antiquaires de la Morinie, St-Omer, années 1833, 34, 37, 38, 39, 40, 43, 7 v. in-8°, b.

754. Eustache de Saint-Pierre et les antiquaires de la Morinie, petite broch. de 8 pages.

755. Considérations sur le dévouement d'Eustache de Saint-Pierre, par M. Piers, de St-Omer, St-Omer, 1835, broch. in-12, de 15 pages.

756. Petit Monthyon de la France, à l'usage des écoles primaires, 2ᵉ partie, Flandre, Picardie, Ile-de-France, par M. Sauvage (de St-Pol), directeur de l'école normale de l'Eure, 1847, 1 v. in-32, r.

757. Confédération générale des gardes nationales du Nord, du Pas-de-Calais et la Somme, broch. in-8°.

758. Dix ans de ma vie ou histoire de mon émigration, par M. de Corbehem, de St-Pol, Paris, 1827, 1 v. in-8°, b.

759. Notice sur l'abbé Hanon (de St-Pol), supérieur général des filles de la Charité, broch. de 16 pages.

760. Notice sur M. Piéron, député de l'arrondissement de Saint-Pol, par M. Billet, avocat, Arras, 1857, broch. in-12.

761. Notice sur le capitaine Crucq, décédé à St-Pol, par le Dʳ Danvin, de St-Pol, 1858, br. in-12.

762. Notice sur M. Ducrocq, curé-doyen de Bours, par M. Ledru, docteur en médecine à Avesnes-le-Comte, broch. in-12.

763. Notice nécrologique sur M. Jules de Richoufftz, de Manin, lieutenant au 1ᵉʳ régiment d'artillerie de marine, par M. le Dʳ Ledru, broch.

. in-12.

764. Notice sur la vie et les ouvrages de M. Parent-Réal, ancien député du Pas-de-Calais, par M. Daunou, membre de l'Institut, Paris, 1839, br. in-8° de 35 p.

765. Notice sur la vie et les ouvrages du Président Lenglet, par M. Tailliar, Conseiller à la Cour royale de Douai, Douai, 1837, broch. in-8° de 82 pages.

766. Notice sur M. Lesueur, ancien vérificateur en chef du cadastre du Pas-de-Calais, par M. Billet, avocat, 1854, broch. in-12 de 15 pages.

767. Notice sur M. Wallart, d'Auxi-le-Château, par M. Billet, avocat, broch. in-12.

HISTOIRE DES PAYS EXTÉRIEURS.

768. ALLEMAGNE.—Table historique et géographique de l'Allemagne, tableau in-f°.

769. Histoire de l'Empereur Charles, 1742, 1 v. in-12, r.

770. ALGÉRIE. — Traité de l'esclavage des chrétiens au royaume d'Alger, Amsterdam, 1732, 1 v. in-12, r.

771. AMÉRIQUE. — Histoire d'Amérique, par Robertson, contenue dans les 2 volumes de ses œuvres complètes (Panthéon littéraire), g.

772. Histoire des Incas, Paris, 1734, 2 v. in-8°, r.

773. ANGLETERRE. — Abrégé de l'histoire d'Angleterre, suivie de la chronologie des rois d'Ecosse, 1 v. in-18 (manque le titre et les seize premières pages).

774. Histoire d'Angleterre, par M. Emile de Bonnechose, Paris, 1862, 4 v. in-8°, b., a.

775. Histoire de Guillaume III, roi de la Grande-Bretagne, Amsterdam, 1703, 1 v. in-18, r.

776. La vie de Cromwel, 1 v. in-12, incomplet, r.

777. ARMÉNIE. — Histoire de l'Arménie par le patriarche Jean VI, dit Jean Catholicos, 1 v. in-8°, b., g.

778. AUTRICHE. — Table historique, généalogique et chronologique des archiducs de la maison d'Autriche, depuis Rodolphe, comte de Hapsbourg et empereur, jusqu'à Philippe, roi d'Espagne, par Lionnois, prêtre, 1766, 2 tableaux in-f°.

779. EGYPTE. — Constantinople et l'Egypte, par César Vimercati, 1857, 1 v. in-8°, b.

780 L'Egypte sous Méhémet-Ali, par P.-N. Amont, 1843, 2 v. in-8°, b., g.

781. EMPIRE GREC. — Histoire de la chute de l'Empire grec (1400 à 1480), par M. P..., Paris, 1829, 1 v. in-8°, b.

782. Histoire du Bas-Empire, depuis Constantin jusqu'à la prise de

Constantinople en 1453, par Jacques Corentin-Royon, Paris, 1803, 4 v. in-8°, b.

783. ESPAGNE. — Histoire abrégée de l'inquisition d'Espagne, par Léonard Gallois, Paris, 1824, 1 v. in-8°, b.

784. Histoire d'Espagne, par M. Roseeuw Saint-Hilaire, Paris, Furne, 1844, in-8°, vol. parus, 1 à 9, g.

785. Histoire de l'Empereur Charles-Quint, par Robertson, contenue dans ses œuvres complètes (Panthéon littéraire), g.

786. Rapport sur cette histoire, par M. Billet, avocat à Arras, 1858, 1 v. in-12, b.

787. Histoire secrète du connétable de Lune, favori et premier ministre de Jean II, roi de Castille et de Léon, Amsterdam, 1730, 1 v. in-18, r.

788. Vie de Philippe II, roi d'Espagne, traduite de l'italien de Gregorio Leti, Amsterdam, 1724, format in-12, t. 1, 2, 4, 6, reliés.

789. Etudes politiques, historiques et littéraires sur les Juifs d'Espagne, par don José Amador de Los Rios, traduction de Magnabal, Paris, 1861, 1 v. in-8°, b., g.

790. ETATS-UNIS. — Constitutions des principaux Etats de l'Europe et des Etats-Unis d'Amérique, par Delacroix, Paris, 1793, 5 v. in-8°, r.

791. Histoire de Washington et de la fondation de la république des Etats-Unis, par Cornélis de Wit, précédée d'une étude historique par M. Guizot, nouvelle édition, 1849, 1 v. in-8°, b.

792. Correspondance et écrits de Washington, mise en ordre par M. Guizot, pour faire suite à l'histoire de Washington, Paris, 1855, 4 v. in-8° b., a.

793. EUROPE. — Constitutions des principaux Etats de l'Europe (voir n° 790).

794. Histoire d'Europe, par Robertson (dans ses œuvres complètes).

795. Atlas historique des Etats européens et de tous les pays en rapports avec l'Europe, par Chr. et Kruse, professeurs, traduit de l'allemand, revu et continué jusqu'à 1834, pour le texte, par M. Philippe Lebas, et pour les cartes, par Félix Ansart, Paris, 1836, 1 v. in-f°, r.

796. Tableau politique de l'Europe depuis la bataille de Leipsig, du 18 octobre 1813 au 31 mars 1814, broch. in-8°, de 78 pages.

797. GRÈCE. — Mémoires sur la Grèce, pour servir à l'histoire de l'indépendance, par Maxime Raybaud, 1825, 2 v. in-8°, b.

798. HAÏTI. — Histoire d'Haïti (Ile Saint-Domingue), depuis sa découverte jusqu'en 1824, etc., par Charles Malo, Paris, 1825, 1 v. in-8°, b.

799. HOLLANDE. — Mémoires de M. le comte de Montbas, sur les affaires de Hollande, ou réponse aux calomnies de ses ennemis, Utrecht, 1673, 1 v. in-12, r.

800. Vie de l'amiral de Ruyter, Amsterdam, 1677, 1 v. in-18, r.

801. INDES. — Recherches historiques sur l'Inde ancienne, par Robertson (dans ses œuvres complètes), g.

802. Mémoires pour servir à l'histoire des Indes orientales, par M. S. D. R. Paris, 1688, 1 v. in-8°, r.

803. Histoire philosophique et politique des Deux-Indes, par l'abbé Raynal, Genève, 1780, 9 v. in-8° et un atlas in-4°, r., (2 exempl.).

804. IRLANDE. — L'Irlande, par M. Capo de Feuillide, Paris, 1839, 2 v. in-8°, b., g.

805. L'Irlande historique, sociale, politique et religieuse, par Gustave de Beaumont, Paris, 1852, 2 v. in-18, b.

806. ITALIE. — Conjuration des Espagnols contre Venise, par P. Réal, 1828, 1 v. in-18, b.

807. Conjuration de Rienzi, tribun de Rome, par le P. du Cerceau, Paris, 1828, 1 v. in-18, b.

808. Conjuration du comte de Fiesque, par de Gonde (cardinal de Retz), Paris, 1828, 1 v. in-18, b.

809. Histoire du Gouvernement de Venise, Paris, 1685, 1 v. in-8°, r.

840. Venise. Coup-d'œil historique, littéraire, politique, et pittoresque sur cette ville, par M. Lecomte, Paris, 1844, 1 v. in-8°, b., g.

811. Histoire d'Italie, de 1492 à 1532, par Francesco Guicciardini,

1 v. in-4°, b. (du Panthéon littéraire), g.

812. Vie du prince Eugène de Savoie, maréchal de camp, général des armées de l'Empereur en Italie, La Haye, 1703, 1 v. in-18, r.

813. Rome ancienne et nouvelle, et représentation de ses monuments à l'usage des érudits, par Alexandre Donat, de Siennes, Rome 1648, 1 v. in-4°, r.

814. Mémoires du comte de Modène, sur la révolution de Naples, de 1647, 1827, 2 v. in-8°, b.

815. Histoire de l'Italie en 1848-1849, par César Vimercati, 1857, 1 v. in-8°, b.

816. MALTE. — Histoire des chevaliers de Malte, suivie de la liste alphabétique des frères chevaliers, des frères de Saint-Jean de Jérusalem, etc., etc., des statuts de l'ordre, anciens et nouveaux, traduit sur l'édition de Borgo-forte, par Vertot, Paris, 1755, 7 v. in-12, r.

817. Histoire de Malte, par M. Miége, Paris, 1841, 3 v. in-8°, b., g.

818. MOGOL. — Histoire générale de l'empire du Mogol, par François Catrou, 1805, 1 v. in-8°, r.

819. MORÉE. — Recherches historiques sur la principauté française de Morée et ses hautes baronnies, par M. Buchon, 1re époque, Paris, 1845, 2 v. in-8°, b., g.

820. Nouvelles recherches historiques sur la principauté française de Morée et ses hautes baronnies, à la suite de la quatrième croisade, 1843, 1re partie des tomes 1 et 2, et l'atlas en 42 planches, g.

821. PARAGUAY. — Histoire physique, économique et politique du Paraguay et des établissements des Jésuites, par Alfred Demersay, 1850, 2 v. in-8°, avec atlas, b., g.

822. POLOGNE. — La Pologne historique, littéraire, monumentale et pittoresque, etc., rédigée par une Société de littérateurs, sous la direction de Léonard Chodzko, publiée par Ignace-Stanislas Grabowski, Paris, 1835, 2 v. grand in-8°, b., g.

823. La vieille Pologne. Recueil historique et poétique, par Charles Forster, avec une préface de M. Saint-Marc Girardin, Paris, 1839, 1 v. in-4°, b., g.

824. Un épisode de l'insurrection polonaise, de 1830 à 1832, par M. Jules Poulain, 1839, 1 v. in-8°, b., g.

825. PORTUGAL. — Révolutions du Portugal, par l'abbé Vertot, Paris, 1750, 1 v. in-8°, r.

826. Anecdotes du ministère de Carvalho, marquis de Pombal, sous Joseph 1er, roi de Portugal, Varsovie, 1783, 1 v. in-8°, r.

827. Le Portugal et la maison de Bragance, ou les Contemporains portugais, par Teixeira de Vasconcellos, 1859, 1 v. in-8°, b., g.

828. PRUSSE.— Histoire de la vie et du règne de Frédéric Guillaume, roi de Prusse, La Haye, 1741, 1 v. in-12, r.

829. Histoire de Frédéric II, dédiée à la reine de la Grande-Bretagne, par le sieur ***, Paris, 1689, 1 v. in-18, r.

830. RUSSIE. — Histoire de la Russie par M. de Lamartine, t. 31 de ses œuvres complètes, a.

831. SUÈDE. — Beautés de l'histoire de Suède, Danemarck et Norwège, par J.-R. Durdent, Paris, 1822, 1 v. in-8°.

832. Histoire des révolutions de Suède, Amsterdam, 1722, 1 v. in-12, r.

833. La Suède au 19e siècle. — Précis historique, commerce, agriculture, par Jules Defontaine, Paris, Dentu, 1863, 1 v. in-8°, b.

834. Histoire de Charles XII, par Voltaire, 1744, 1 v. in-8°, r.

835. Même ouvrage, édition de 1772, 1 v. in-8°, r.

836. TURQUIE. — Anecdotes ou histoire secrète de la Maison ottomane, Amsterdam, 1722, 2 v. in-8°, r.

837. Histoire des Turcs, depuis l'établissement de leur empire, par Chalcondèle, athénien, continuée jusqu'au 17e siècle environ, par Arthur Thomas, sieur d'Embry, parisien, avec illustrations de Blaise de Vigenère, traducteur de Chalcondèle, Paris, 1576, 2 v. in-4°, r.

838. Histoire de l'Empire ottoman, depuis 1792 jusqu'en 1844, par le baron Juchereau de Saint-Denis, Paris, 1844, 4 v. in-8°, b., g.

839. Histoire de la Turquie, par M. de Lamartine, tomes 23 à 28 de ses œuvres complètes, a.

Ouvrages divers.

840. La vie de Mahomet, traduite et compilée de l'Alcoran, des traditions authentiques, de la Sonna et des meilleurs auteurs arabes, par M. Jean Gagnier, Amsterdam, 1748, 1 v. in-12, r.

841. Abassay, histoire orientale, Paris, 1753, 1 v. in-12, r.

842. Les neuf livres de J.-B. Fulgosius, touchant les faits et les dits mémorables (en latin), Paris, sans date, 1 v. in-8°, r.

843. Mélanges historiques, par Chateaubriand, Paris, Pourrat et Furne, 1835, 1 v. in-8°, r. (de ses œuvres complètes).

844. Etudes historiques, par Chateaubriand, traitant de la chûte de l'Empire romain, de la naissance et du progrès du christianisme, de l'invasion des barbares, (2 vol. de ses œuvres complètes).

845. Histoire de la guerre d'Orient, en 3 v. in-4°, b., avec dessins et cartes, g.

1° Les Turcs et les Russes, par Lamarche.

2° La Russie et l'Europe, par Kaufmann.

3° Sébastopol, par E. de La Bedollière.

4° Histoire de la Crimée, par Bourdier.

5° Inkermann, par E. de La Bedollière.

6° Malakoff, par le même.

7° Histoire de Pologne, par Léonard Chodzko.

8° Kinburn, par E. de la Bedollière.

9° Congrès de Paris, par le même.

10° Histoire de Turquie, par Bourdier.

PALÉOGRAPHIE,

ARCHÉOLOGIE. — NUMISMATIQUE. — SCIENCE HÉRALDIQUE.

846. Eléments de paléographie, par M. Natalis de Wailly, chef de bureau de la section administrative des archives du royaume, Paris, imprimerie royale, 1838, 2 v. in-4°, r., g.

847. Voyage paléographique dans le département de l'Aube, 1 v. in-4°, b., g.

848. Répertoire archéologique du département de l'Aube, par M. d'Arbois de Jubainville, archiviste du département, 1861, 1 v. in-4°, b., g.

849. Revue archéologique. Recueil de documents et Mémoires relatifs à l'étude des monuments, à la numismatique et à la philologie de l'antiquité et du moyen-âge, publiés par les principaux archéologues français et étrangers, années 1862, 63, 64, 65, — 5ᵉ à 11ᵉ vol. inclus, in-8°, b., g.

850. Voyage archéologique en Grèce et en Asie mineure, par Philippe Lebas (en cours de publication par livraisons), g.

851. Exploration archéologique en Asie mineure, comprenant les restes non connus de plus de 40 cités antiques, en cours de publication, g.

852. Voyage littéraire et archéologique dans le département de Tarn-et-Garonne, par M. Alexandre du Mège de Lahaye, Paris, 1828, 1 v. in-12, b., g.

853. La Seine-Inférieure, historique et archéologique, par l'abbé Cochet, inspecteur des monuments historiques et religieux de ce département ; époques gauloise, romaine et franque, avec carte géologique, Paris, 1864, 1 v. in-4°, b., g.

854. Résumé d'archéologie, spécialement appliqué aux monuments religieux, par J. Fériel, Paris, 1847, 1 v. in-18, b., g.

855. Dictionnaire des antiquités romaines et grecques, accompagné de 2,000 gravures d'après l'antique, représentant divers ouvrages d'art et d'industrie des Grecs et des Romains, par Anthony Rich, traduit de

l'anglais sous la direction de M. Chéruel, Paris, Didot, 1861, 1 v. in-12, b., a.

856, Antiquités celtiques et antédiluviennes. — Mémoire sur l'industrie primitive et les arts à leur origine, par M. Boucher de Perthes, d'Abbeville, Paris, 1849, 2 v. in-8°, b.

857. Monuments celtiques ou recherches sur le culte des pierres, par M. Cambry, 1805, 1 v. in-8°.

858. Les Musées de province, par M. le comte Clément de Ris, Paris, 1859, 2 v. in-8°, b., g.

859. Choix des peintures de Pompéï, lithographiées en couleur, par M. Roux, avec explication archéologique de chaque peinture et une introduction sur l'Histoire de la peinture chez les Grecs et les Romains, par M. Raoul-Rachette, Paris, 1846, en 8 livraisons in-f°, dont 7 parues, g.

859 bis. Monument de Ninive, découvert et décrit par M. Botta, mesuré et dessiné par M. E. Flandin, 4 v. in-f°, r., g.

860. Catalogue du Musée départemental d'antiquités de Rouen, 1836, broch. in-18.

861. Notice sur les plombs historiés trouvés dans la Seine et recueillis par Arthur Forgeais, 1858, 1 v. in-8°, b., g.

862. Rapport sur les pierres tombales trouvées en 1860 à Arras, dans l'ancien couvent des Carmes, maintenant occupé par les dames Ursulines, par M. le comte d'Héricourt et M. Godin, Arras, Tierny, 1862, broch. in-8°.

863. Rapport sur les découvertes faites à Avesnes-le-Comte, par M. le docteur Ledru, 1863, broch. in-12.

864. Inscriptions romaines de l'Algérie (en cours de publication par livraisons), g.

865. Manuel de numismatique ancienne, par Hennin, 1830, 2 v. in-8°, b., g.

866. Traité élémentaire de numismatique générale, par M. Jules Lefebvre, d'Abbeville, 1850, 1 v. in-12, b.

866 bis. Même ouvrage, 2e édition, revue et corrigée, 1861, 1 v. in-12, b.

867. Observations numismatiques avec planches, par M. Jules Lefebvre, d'Abbeville, 1850, 1 v. in-12, b.

868. Petite Notice sur les monnaies des comtes de Ponthieu, par M. Lefebvre, d'Abbeville, 1863, broch. in-12.

869. Souvenirs numismatiques de la Révolution de 1848, 1 v. in-4°, r., g.

870. Description des monnaies romaines, collection de M. Quendalle, Montreuil, 1858, broch. in-12.

871. Discours sur les médailles antiques, par Louis Savot, Paris, 1627, 1 v. in-8°, r.

872. Médailles sur les principaux évènements du règne de Louis XIV, avec des explications historiques par l'Académie royale des médailles et les inscriptions, Paris, 1702, 1 v. in-4°, r.

873. Histoire monétaire de la province d'Artois. (Voir n° 702, section Histoire d'Artois).

874. Calendrier royal pour 1790, avec les empreintes des monnaies d'or et d'argent ayant cours.

875. Grammaire héraldique, contenant la définition exacte de la science des Armoiries, suivi d'un vocabulaire explicatif, par H. Gourdon de Genouillac, Paris, Dentu, 1 v. in-12, b.

876. Armorial d'Artois et de Picardie. — Généralité d'Amiens, recueil officiel dressé par les ordres de Louis XIV, 1696-1710, publié d'après les manuscrits de la Bibliothèque impériale, et suivi d'un nobiliaire de Flandre et d'Artois, par M. Borel d'Hauterive, Paris, 1846, 1 v. in-4°, b., a.

877. Le Jardinet d'Haynault, avec tableau des armes de plusieurs villes et communes du Nord, une feuille détachée.

VOYAGES.

878. Relation exacte du voyage de G. Schoutten, dans les Indes, par un nouveau détroit et par les grandes mers australes qu'il a découvertes, Paris, Gobert, 1619, 1 v. in-12, avec cartes nombreuses,

879. Le voyageur Américain, traduit de l'anglais, Amsterdam, 1783, in-8°.

880. Voyage de Cyrus, suivi d'un discours sur la mythologie et d'une lettre de Fréret à l'auteur, par Ramsay, Paris, 1728, in-8°, 1 v,

881. Voyage en Afrique, de Le Vaillant, Paris, Leroy, 1790, in-8°, 2 v.,g.

882. Voyage en Crimée et sur les bords de la mer noire, par Reuilly, en 1803, Paris, 1806, in-8°, avec cartes et gravures en taille-douce, 1 v.

883. Voyage du jeune Anacharsis en Grèce, vers le milieu du 4e siècle avant l'ère vulgaire, par Barthélemy, avec atlas in-4°, Paris, Didot, 7e édition,in-8° (2 exempl.), 7 v.

884. Notes d'un voyage dans le Midi de la France, par Prosper Mérimée, Paris, Fournier, 1836, in-8°, 1 v., b.,g.

885. Notes d'un voyage dans l'Ouest de la France, par Prosper Mérimée, Paris, Fournier, 1836, in-8°, 1v., b., g.

886. Relation du voyage de la Commission scientifique de Morée dans le Péloponèse, les Cyclades et l'Attique, par M. Bory de Saint-Vincent, Paris, Levrault, 1836, 2 v. in-8° et un atlas, b., g.

887. Voyage en Islande et au Groënland, exécuté en 1835 et 1836, sur la corvette La Recherche, etc., publié par ordre du roi, sous la direction de M. Paul Gaimard, Paris, Arthus Bertrand, 1838, in-8°, 13 v. et un atlas in-f°, r., g.

888. Voyage autour du monde, par les mers de l'Inde et de Chine, exécuté sur la corvette de l'Etat La Favorite, pendant les années 1830, 31 et 32, sous le commandement de M. La Place, Paris, imprimerie royale, 1833, 5 v. in-8°, g.

889. Voyage autour du monde, entrepris par ordre du roi, exécuté sur les corvettes l'*Uranie* et la *Physicienne*, pendant les années 1817 à 1820, par M. Louis de Fraycinet, Paris, Pillet, 1826, in-4° avec atlas in-f°, 3 v., r., g.

890. Journal de la navigation autour du globe de la frégate la *Thétis* et de la corvette l'*Espérance*, pendant les années 1824, 25 et 26, par M. le baron de Bougainville, Paris, 1836, Arthus Bertrand, 2 v. in-4°, avec atlas in-f°., r., g.

891. Voyage au cap de Bonne Espérance et autour du monde, avec le capitaine Cock, et principalement dans le pays des Hottentots et des Caffres, par André Sparmann, Paris, Buisson, 1787, 2 v. in-8°, r.

892. Voyage autour du monde, exécuté en 1836 et 37, sur la corvette la *Bonite*, par le capitaine Vaillant, Paris, Bertrand, 15 v. in-8°, avec atlas, r., g.

893. Voyage autour du monde sur la frégate la *Vénus*, de 1836 à 1839, par Dupetit-Thouars, avec atlas, 9 v., r., g.

894. Campagne de circumnavigation de la corvette l'*Artémise*, de 1837 à 1840, par M. Laplace, capitaine de vaisseau, Paris, 1848, in-8°, 6 v., r., g.

895. Voyage de découvertes à l'Océan pacifique du Nord et autour du monde, par le capitaine Georges Vancouver, 1790-1795, 3 v. in-4°, et atlas in-f°, 4 v., r. g.

896. Lettres édifiantes et curieuses concernant l'Asie, l'Afrique et l'Amérique, avec quelques relations nouvelles des missions, etc., et avec des notes géographiques et historiques, publiées sous la direction de M. Martin (2 vol. du Panthéon littéraire), b., g.

897. Voyage en Abyssinie, dans les pays des Galla, de Choa et d'Ifat, précédé d'une excursion dans l'Arabie heureuse, et accompagné d'une carte de ces diverses contrées, par MM. Combes et Tamisier, en 1835, 36 et 37, Paris, Desessart, 1838, 4 v. in-8°, b., g.

898. Voyage en Abyssinie, exécuté en 1839-1845, par MM. Lefebvre et autres, in-8°, avec atlas in-f°, 7 v., r., g

899. Sainte-Hélène, par E. Masselin, capitaine du génie, 1862, 1 v. in-8°, b., *g*.

900. Relation abrégée d'un voyage fait dans l'intérieur de l'Amérique méridionale, depuis la côte de la mer du sud jusqu'aux côtes du Brésil et de la Guyane, par M. de la Condamine, avec cartes, Maestricht, 1768, 1 v. in-8°, r.

901. Lettres sur l'Amérique du Nord, par M. Michel Chevalier, avec une carte des Etats-Unis, Paris, 1837, 2 v. in-8°, b., *g*.

902. Journal écrit à bord de la frégate la *Belle-Poule*, par Emmanuel baron de Lases Cases, membre de la mission de Sainte-Hélène, Paris, Dethoie, 1841, 1 v. in-8°, r., *g*.

903. Voyage dans l'Afrique occidentale, en 1843 et 1844, par M. Raffenel, Paris, 1846, in-8°, avec atlas, 2 v., b., *g*.

904. Voyage dans la Régence d'Alger ou description du pays occupé par l'armée française en Afrique, par M. Rozet, Paris, Bertrand, 1833, in-8° et atlas, r., *g*.

905. Voyage à Tembouctou et à Jenné, dans l'Afrique centrale, par Réné Caillé, 1824 à 1828, Paris, imprimerie royale, 1830, in-8°, avec carte reliée, 4 v., r., *g*.

906. Voyage au Soudan oriental, dans l'Afrique septentrionale et dans l'Asie mineure, par M. Tremaux (en cours de publication), *g*.

907. Documents sur l'Afrique orientale, par M. Guillain, capitaine de vaisseau, de 1846 à 1848, in-8°, avec atlas, 4 v., b., *g*.

908. Voyage du sieur Lemaire aux îles Canaries, Cap vert, Sénégal et Gambie, sous M. Dancourt, directeur général de la Compagnie d'Afrique, Paris, Jacques Collombat, 1695, 1 v. in-18, b.

909. Voyage au Sénégal, pendant les années 1784 et 1785, d'après les mémoires de La Jaille, avec notes par Labarthe, 1802, 1 v. in-8°, r.

910. Voyage de découvertes australes, fait par ordre du Gouvernement pendant les années 1800 à 1804, rédigé par Péron et continué par Louis de Fraycinet, Paris, Bertrand, 1824, in-8° et atlas, 5 v., b., *g*.

911. Voyage de découvertes aux terres australes, par Baudin, Paris, 1815, in-4° avec atlas, 2 v., r.

912. Voyage à la Martinique, exécuté en 1751, par Thibault de Chauvalon, Paris, Bauche. 1763, 1 v. in-4°, avec carte, r.

913. Voyage de la baie d'Hudson, fait en 1746-47, 1 v., r.

914. Voyage au pôle sud et dans l'Océanie, par M. Dumont-d'Urville, capitaine de vaisseau, années 1837 à 1840, 16 v. in-8°, et atlas en 3 v. in-f°, 19 v., r., g.

915. Voyage aux îles du Grand Océan, par Moerenhout, Paris, 1837, in-8°, 2 v., r.

916. Voyage de découvertes à l'Océan pacifique, par Broughton, 1795 à 1798, in-8°, 2 v., r.

917. Campagne de l'*Origone*, dans les mers de l'Inde et de la Chine, par M. Cécile, capitaine de vaisseau, et M. Roy, 1841-1844, in-8°, 4 v., r., g.

918. Souvenirs d'un voyage dans la Tartarie, le Thibet et la Chine, pendant 1844. 45, 46, par M. Huc, missionnaire lazariste, Paris, 1853, in-8°, 2 v., b., g.

919. Voyage géologique aux Antilles, et aux îles de Ténériffe et de Fogo, par M. Ch. Sainte-Claire-Deville, 1847, 12 livraisons (en cours de publication), 1 v., b., g.

920. Aventures d'un gentilhomme breton aux îles Philippines, par M. de la Gironnière, 1 v. in-8°, b., g.

921. Voyage en Perse de MM. Flandin et Coste, attachés à l'ambassade de France en Perse, pendant les années 1840 et 1841, in-f°, texte descriptif, 1 v., planches, 5 v., relation du voyage, 2 v. in-8°, en tout 8 v., r., g.

922. Voyage en Turquie et en Perse, de 1846 à 1848, par Xavier Hommaire de Hell, 4 v. in-8° de texte et atlas in-f°, 5 v., b., g.

923. Voyage autour de la mer morte et dans les terres bibliques, par M. de Saulcy, en 1851, Paris, 1852, 2 v. in-8°, avec atlas in-4°, 3 v., b., g.

923 bis. Voyage en Terre Sainte, par M. de Saulcy, Paris, Didier, 1865, 2 v. in-8°, b., avec cartes, g.

924. Itinéraire de Paris à Jérusalem, avec notes par Chateaubriand,

Paris, Pourrat et Furne, 1835, 2 v. in-8°, r.

925. Relations de voyages en Orient, de 1830 à 1838, par Auscher-Eloy, revues et annotées par M. le comte Jaubert, Paris, Roret, in-8°, 2 v.,b.

926. Voyage en Orient, 1832 et 1833, par M. de Lamartine (3 vol. de la collection de ses œuvres complètes), b., a.

927. Nouveau voyage en Orient, en 1850, par le même, 1 v., b., a.

928. Second voyage sur les deux rives de la mer rouge, dans le pays des Adels, et le royaume de Choa, par M. Rochet d'Héricourt, Paris, 1846, in-8°, 1 v., b., g.

929. Le voyage d'Italie et du Levant, par MM. Fermanel, Fauxel, Baudouin de Launay et de Stochove, 1687, 1 v. in-12, les deux derniers feuillets manquent.

930. Voyages en Italie, au mont Blanc, en Amérique et à Clermont en Auvergne, par Chateaubriand, Paris, Pourrat et Furne, 1835, 1 v. in-8°, r.

931. Souvenirs d'un voyage en Italie, par M. Fillemin, 1851, 1 v. in-8°, b., (offert en 1854, par l'auteur, alors Sous-Préfet de Saint-Pol).

932. La Toscane et le midi de l'Italie, par M. de Mercey, 1858, 1 v., b., g.

933. Voyage complet en Italie. — Description historique, monuments, climats, mœurs, usages de l'ancienne et nouvelle Rome, par Alphonse Dupré, Paris, Le Bailly, 1840, 2 v. in-8°, b.

934. Voyage de Dimo et Nicolo Stephanopoli en Grèce, pendant les années 1797 et 1798, rédigé par l'un des professeurs du Prytanée, avec figures, plans et vues levés sur les lieux, Londres, 1800, 2 v., in-8°, b., g.

935. Essai sur l'Espagne. Voyage fait en 1777 et 1778, par M. P., Genève, 1780, 2 v. in-12, b.

936. Voyage en Scandinavie, en Laponie, au Spitzberg et aux Feroë, pendant les années 1838, 39 et 40, publiés sous la direction de M. Paul Gaimard, 32 v. in-8°, avec atlas en 73 livraisons, formant 5 v., total 37 v., r., g.

937. Histoire des pêches, des découvertes et des établissements des

Hollandais dans les mers du Nord, par Bernard de Resle, an IX, 3 v., b., g.

938. Voyage descriptif et historique de l'ancien et du nouveau Paris, orné d'un plan de Paris et de 63 gravures, Paris, 1821, 2 v. in-18, r.

939. Les chemins de fer illustrés. Environs de Paris, in-4°, 1 v., b.

940. Voyage aux eaux des Pyrénées, par H. Taine, Paris, 1855, in-12, 1 v., b.

941. Voyage du Luxor en Egypte, entrepris par ordre du roi, pour transporter de Thèbes à Paris l'un des obélisques de Sésostris, par M. de Verninac Saint-Maur, ouvrage orné de planches, Paris, Arthus Bertrand, 1835, 1 v., in-8°, r., g.

942. Campagne pittoresque de Luxor, par M. Léon de Joanne, Paris, 1835, in-12, avec atlas, 2 v., r., g.

943. Voyage de Dentrécasteaux, envoyé à la recherche de la Pérouse, publié par ordre de S. M. l'empereur et roi, rédigé par M. de Rossel, Paris, imprimerie impériale, 1808, 2 v. in-4°, avec atlas, r., g.

944. Lettres sur l'Islande, par X. Marmier, 1837, 1 v. in-8°, b., g.

945. Un tour en Islande, par M. le comte Joseph d'Avèze (J. Prévost), Paris, Amyot, 1847, 1 v. in-8°, b.

GÉOGRAPHIE.

946. Dictionnaire géographique portatif, par Vosgien, Paris, 1762, in-8°, avec 2 cartes, 1 v., r.

947. Introduction à la géographie universelle, tant ancienne que moderne (en latin), par Cluvier, 1 v. in-16, relié en parchemin, avec cartes nombreuses.

948. Géographie de Crozat, Lefrançois, Paris, Lallemant, 1782, 1 v. in-12, r.

949. Abrégé de la géographie de l'abbé Lenglet du Fresnoy, par demandes et par réponses, Paris, Tilliard, 1765; 1 v. in-12, avec cartes, r.

950. Géographie des enfants, par le même, 1757, 1 v., r.

951. Géographie générale, ou étude de la terre, dans ses rapports avec la nature et avec l'histoire de l'homme, par Karl Ritter, traduit de l'allemand, par Buret et Desor, Paris, Paulin, 1836. 3 v. in-8°, b., g.

952. Géographie universelle exposée dans les différentes méthodes qui peuvent abréger l'étude et faciliter l'usage de cette science, par le P. Buffier, Paris, Giffart, 1761, 1 v. in-12, r.

953. Géographie universelle, par le P. Buffier, 5e édition, Paris, Giffart, 1786, 1 v. in-12, r.

954. Le Géographe manuel, par l'abbé Expilly, 1763, 1 v. in-32, r.

955. Précis de géographie historique, universelle, par MM. Barberet et Mangin, professeurs, Paris, Desobry, 1841, 2 v., b., g.

956. Géographie de Virgile, ou notice des lieux dont il est parlé dans ses ouvrages, Paris, 1771, 1 v. in-12, r.

957. Géographie de Strabon, 38e vol. de la collection des auteurs grecs, 1 v., g.

958. Géographie de la Grèce mineure, de la même collection, 2 v., g.

959. Bulletin de la Société de géographie, années 1844 à 1866, 46 v. in-12 (publication périodique), b., g.

960. Méthode abrégée de géographie, 1780, 1 v. in-18, b.

961. Eléments de statistique et de géographie générales, par Boudin et Blanc, Paris, 1860, 1 v. in-12, b., g.

962. Géographie universelle de Malte-Brun, entièrement refondue et mise au courant de la science, par Th. Lavallée, Paris, Furne, 1863, in-4°, 6 v., r., a.

963. Géographie parisienne, par l'abbé Tesserenc, Paris, 1754, 1 v. in 18, b.

964. Cosmos. Essai d'une description physique du monde, par Alexandre de Humbolt, traduit par MM. Fay et Galuski, 4 v. in-8°, r., a.

965. La terre et les mers, par Louis Figuier, 1864. 1v. in-8°, b., a.

966. La terre avant le déluge, par Louis Figuier, 1864, 1 v. in-8°, b., a.

967. Cosmographie et pélérinage du monde universel, dénombrement de toutes parties, Paris, 1680, 1 v. in-8°, r.

968. Almanach américain, asiatique et africain, on état physique, politique, ecclésiastique et militaire des colonies d'Europe, en Asie, en Afrique et en Amérique, Paris, 1785, 1 v. in-24, b.

969. Orographie de l'Europe, par M. Louis Brugnière, Paris, Bertrand, 1 v. in-4°, b.. g.

970. Traité inédit de géographie métallurgique de la France, par Chevalier, pharmacien à Amiens, né à Saint-Pol, Amiens, Allo-Poiré, 1835, 1 v. in-8°, b.

971. Dictionnaire topographique du département d'Eure-et-Loire, par M. Lucien Merlet, 1861, 1 v. in-8°, b., g.

972. Description de l'Afrique, avec cartes et gravures, traduite du flamand, par d'O d'Apper, Amsterdam, 1686, 4 v. in-f°, r.

973. Mémoire sur les courants de la Manche, de la mer d'Allemagne et du canal de Saint-Georges, par P. Mounier, Paris, 1835, broch. in-8° de 51 pages.

974. Le peuple polonais, ou description exacte de ses mœurs, usages et coutumes, par une réunion de littérateurs, sous la direction de M. Léon Zienkowicz, Strasbourg, 1838, 1 v. in-4°, avec 40 gravures, b., g.

975. La Pologne dans ses anciennes limites, le duché de Moscou en

1473, et l'empire des Russes actuel, par Gluchowski, Paris, 1837, 1 v. in-8°, b., g.

976. Strasbourg, ses monuments et ses curiosités, 1831, 1 v. in-18, r.

977. Description de la Livonie, avec une relation de l'origine du progrès et de la décadence de l'ordre Teutonique, Utrecht, 1706, 1 v. in-12, r.

978. Les délices des Pays-Bas, 1697, 1 v. in-18, r.

979. Histoire et description des voies de communication aux Etats-Unis, par M. Michel Chevalier, Paris, Gosselin, 1841, in-4°, avec atlas, 2 v., b., g.

980. Description de Rome antique (en italien), 1 v. in-12, r.

981. Inde anglaise en 1843, par le comte Edward de Warren, Paris, 1844, 2 v. in-8°, b., g.

982. Description de l'Asie mineure, par Charles Texier, Paris, Didot, 1845, in-f°, texte et planches (en cours de publication), g.

983. Le Sahara algérien, par le général Daumas, Paris, 1845, 1 v. in-8°, b., g.

984. Les curiosités de Paris, Versailles, Marly et ses environs, 1 v. in-12, relié en veau (le titre et les gravures manquent).

985. Annuaire de France, statistique générale et comparée des 86 départements de la France et de ses colonies, publié par la Société nationale pour l'émancipation intellectuelle, avec un atlas contenant les cartes départementales, Paris, 1833, 2 v. in-12, b.

986. Les Philippines, histoire, géographie, mœurs, agriculture, industrie, commerce des colonies espagnoles dans l'Océanie, par J. Mallat, Paris, 1846, 3 v. in-8°, avec atlas, b., g.

987. Mœurs de l'Inde, par Dubois, 2 v. in-8°, b., g.

988. L'Orient, par Eugène Flandin (en cours de publication), g.

989. Description de l'Indostan, par Jean Renell, 1800, 3 v. in-8°, b., g.

Nota. — Voir à la fin de ce Catalogue, la section comprenant les cartes et atlas géographiques isolés.

SCIENCES ET ARTS.

TRAITÉS GÉNÉRAUX.

990. Œuvres complètes de François Arago, en 17 vol. in-8°, b., a., édition de 1862, savoir :

1° Astronomie populaire, œuvre posthume, 4 v.

2° Notices biographiques, avec introduction, par Alexandre de Humbolt, 3 v.

3° Notices scientifiques, 5 v.

4° Voyages scientifiques, 1 v.

5° Mémoires scientifiques, 2 v.

6° Mélanges, 1 v.

7° Tables, avec notice chronologique sur les œuvres d'Arago, par M. J.-A. Barral, 1 v.

991. Comptes rendus des séances de l'Académie des Sciences du 1er janvier 1847 au 1er juillet 1850, t. 24 à 30, 7 v. in-4°, b., g.

992. Rapport historique sur les progrès des sciences naturelles depuis 1789, et de leur état actuel, présenté à l'Empereur le 6 février 1808, par la classe des sciences physiques et mathématiques de l'Institut, conformément à l'arrêté du 13 ventose an X, rédigé par Cuvier, Paris, imprimerie impériale, 1810, 1 v. in-8°, b.

993. Œuvres de Laplace. — Mécanique céleste. — Exposition du système du monde. — Théorie des probabilités, Paris, imprimerie impériale, nouvelle édition, 1843-1847, 6 v. in-4°, r., g.

994. Œuvres complètes d'Augustin Fresnel, publiées par MM. Henri de Senarmont, Emile Verdet et Léonor Fresnel, Paris, imprimerie impériale, 1866, in-4°, r., g. T. 1er contenant : Avertissement, Introduction et Théorie de la lumière.

995. Dictionnaire universel des sciences, des lettres et des arts, par Bouillet, auteur du Dictionnaire universel d'histoire et de géographie, 3e édition, Paris, Hachette, 1857, 1 v. in-4°, r., a.

996. Encyclopédie portative ou résumé universel des sciences, des lettres et des arts, en une collection de traités séparés, par une Société de savants et de gens de lettres, sous la direction de M. Bailly de Merlieux, Paris, 1830, 25 v. in-18, r.

997. Congrès scientifique de France, 20ᵉ session, ouverte à Arras, le 23 août 1853, 2 v. in-8°, b.

998. Lectures choisies sur les sciences, par M. Achille Comte, 1853, 1 v. in-8°, b.

999. Journal des connaissances usuelles et pratiques, publié par MM. Grillet de Grammont et le comte de Lasteyrie, Paris, 1825 à 1840, 16 v. in-8°, b., a.

1000. Nouveau dictionnaire d'histoire naturelle, par une Société de naturalistes et d'agriculteurs, Paris, 1816, nouvelle édition, 36 v. in-8°, b., a.

1001. Histoire des animaux, des végétaux et des minéraux, par L. Ardant, Paris, Lebigre, 1856, 1 v. in-12, r.

1002. Œuvres complètes de Buffon, avec le supplément de Cuvier, Paris, Pillot, 1831, 29 v. in-8°, b., avec planches.

1003. Cuvier. — Discours sur les révolutions du globe, avec notes et appendice, rédigé par le Dʳ Hœfer, Paris, 1854, 1 v. in-8°, b., a.

1004. Dictionnaire des merveilles de la nature, par M. Sigaud de Lafond, 1790, in-8°, r., 1ᵉʳ et 2ᵉ v. (ouvrage incomplet).

1005. Le spectacle de la nature, par Pluche, Paris, 1732, 2ᵉ édition, 9 v. in-12, r.

1006. Archives du Muséum d'histoire naturelle de Paris, in-4°, b., g., t. 1 à 10 (incomplet).

1007. Muséum d'histoire naturelle de Paris. Catalogue méthodique des collections de mammifères, d'oiseaux, de reptiles, etc., 5 livraisons formant 1 v. in-4°, b., g.

ASTRONOMIE.

1008. Traité d'astronomie, par M. Delalande, Paris, 1764, 2 v. in-4°, b.

1009. Astronomie des Arabes. Traité de leurs instruments astronomiques, composé au 13ᵉ siècle, traduit par Sébillot, Paris, 1835, 2 v. in-8°, b., g.

1010. Entretien sur la pluralité des mondes, Paris, Michel Brunet, 1694, 1 v. in-8°, b.

1011. Epitome du théâtre du monde, d'Abraham Ortelius, Anvers, 1598, 1 v. in-12, b.

1012. Sphère du monde, par Picolominini, traduit en français, 1808, 1 v. in-12, b.

1013. Les usages de la sphère, des globes céleste et terrestre, par Félix Delamarche, 1826, 1 v. in-8°, b.

Voir au n° 990, Astronomie populaire, par M. Arago.

MÉTÉOROLOGIE.

1014. Cours complet de météorologie, par Kæmtz, traduit et annoté par Martin et Lalanne, Paris, Paulin, 1843, 1 v. in-12, b., g

1015. Recherches sur les météores, par Coulvier-Gravier, 1859, 1 v. in-8°, b., g.

1016. De la foudre, de ses formes et de ses effets, des moyens de s'en préserver et des paratonnerres, par le Dʳ Sestier, complété par le Dʳ Méhu, Paris, Baillière, 1866, 2 v. in-8°, b., a.

PHYSIQUE.

1017. Eléments de physique expérimentale et de météorologie, par M. Pouillet, Paris, 1828, 4 v. in 8°, b., a.

1018. Leçons de physique expérimentale, par l'abbé Nollet, Paris, 1786, 6 v. in-12, b.

1019. Essai sur l'électricité des corps, par l'abbé Nollet, 1754, 1 v. in-12, b.

1020. Cours de physique expérimentale, par l'abbé Famin, Paris, 1791, 1 v. in-8°, b.

1021. Dictionnaire raisonné de physique, par Brisson, Paris, 1781, 3 v. in-4°, r., avec atlas de gravures en taille douce.

1022. Traité de physique, en 3 parties manuscrites, caractères modernes (avec planches), in-8°, b.

1023. Bibliothèque physico-économique, Paris, 1784-1790, 3ᵉ édition, 5 v. in-8°, r. (incomplet).

1024. Expériences de physique, par Pierre de Polinière, Paris, 1734, in-8°, r., 1ᵉʳ vol. (le 2ᵉ manque).

1025. Histoire du Galvanisme, par Sue, 1802, 2 v. in-12, b.

1026. Corrélation des forces physiques, par Growe, membre de la Société royale de Londres, traduit par l'abbé Moigno, avec notes par M. Seguin aîné, Paris, 1856, 1 v. in-12, b., a.

1027. Amusements physiques et diverses expériences divertissantes, par Pinetti, Paris, 1791, 1 v. in-8°, b.

1028. Observations physiques et chimiques, par Hoffman, Paris, 1784, 2 v. in-12, r.

1029. Expériences sur l'action de la lumière, par Jean Sennebier, 1788, 1 v. in-8°, r.

1030. Essai sur l'histoire topographique physio-médicale du district de Boulogne-sur-Mer, par Souquet, Boulogne, Bolet, an II, 1 v. in-12, b.

CHIMIE.

1031. Traité de chimie, par M. Thénard, Paris, Crochard, 1821. 4 v.

in-8°, b.

1032. Histoire de la chimie depuis les temps les plus reculés jusqu'à nos jours, par le D^r Hœfer, Paris, 1843, 2 v. in-8°, b., g.

1C33. Cours de chimie, par le Dr Baron, Paris, 1756, 1 v. in-4°, r.

1034. Nouveau cours de chimie, par Newton et de Sthall, avec un discours historique sur l'origine et les progrès de la chimie, Paris, Vincent, 1723, 2 v. in-8°, r.

1035. Manuel de chimie ou précis élémentaire de cette science dans l'état actuel de nos connaissances, suivi d'un dictionnaire de chimie, de M. Riffault, par Vergnaud, Paris, Roret, 1850, 1 v. in-12, r.

1036. Eléments d'électro-chimie, appliqués aux sciences et aux arts, par M. Becquerel, de l'Institut, Paris, Didot, 1864, 1 v. in-8°, b., g.

1037. Recherches chimiques sur l'olivier d'Europe, par Pallas, Paris, Béchet, 1830, 1 v. in-8°, b.

1038. Toxicologie générale, ou traité des poisons tirés des régnes végétal, minéral et animal, par M. Orfila, Paris, Crochard, 1818, 2 v. in-8°, b.

1039. Œuvres de Lavoisier, publiées par les soins de M. le Ministre de l'instruction publique, Paris, 1865, 3 v. in-4°, r., g.

1040. Recueil de procédés et d'expériences sur les teintures solides, provenant des végétaux indigènes, par Damhournay, 1 v. in-8°, b.

1041. Essai analytique sur l'air, par Delamettrie, Paris, 1785, 1 v. in-8°, b.

1042. Du lait et en particulier de celui des nourrices, considéré sous le rapport de ses bonnes et de ses mauvaises qualités nutritives. Mémoire accompagné de planches, par le Dr Donné, Paris, 1837, broch. in-8°, de 66 pages, g.

1043. Dictionnaire des falsifications et altérations des substances alimentaires, par M. Chevallier, pharmacien-chimiste, Paris, 1853, 2 v. in-8°, b.

1043 bis. Sophistications des substances alimentaires, par Bertin, Nantes, 1846, 1 v. in-8°, b., g.

1044. Le pain, par Victor Borie, 1863, broch. in-8°, g.

1045. Les eaux minérales de Saint-Pol (observations analytiques et médicinales sur), par Piot, Arras, Gui de la Sablonnière, 1781, broch. in-12.

1046. Certificats constatant les guérisons obtenues par l'usage de ces eaux, datés de 1781, broch. in-12, de 32 pages.

1047. Analyse comparée des eaux de Gauchin avec celles de Saint-Pol, par Piot, Arras, Michel Nicolas, éditeur, cahier de 15 pages in-8°.

1048. Nouvelles observations sur les eaux minérales de Saint-Pol, pour justifier leurs propriétés, par M. Piot, Arras, 1781, broch. in-12, de 28 pages.

1049. Analyse des eaux de la fontaine Lemaître, Henri, de Saint-Pol, faite par M. Locquet, pharmacien-chimiste, en 1813, broch. de 8 pages, incomplète.

1050. Observations analytiques et médicinales sur les eaux minérales de la nouvelle fontaine de la ville de Saint-Pol, nommée Mildelbourg, par M. Piot, Arras, 1831, broch. in-8°, de 24 pages.

1051. Eau minérale et anti-putride, par Delannoy, Paris, 1790, broch. de 23 pages.

PHARMACIE.

1052. Dictionnaire de pharmacie chimique, par Rivet, 1803, 1 v. in-8°, r.

1053. Formulaire pharmaceutique à l'usage des hôpitaux militaires, Paris, Méquignon, 1804, 1 v. in-8°, b.

1054. Code pharmaceutique, par Parmentier, Paris, Méquignon, 1803, 1 v. in-8°, b.

1055. Pharmacopée de Lille, Lille, 1772, 1 v. in-4°, r.

1056. Pharmacopée de Nicolas Lémcry, Paris, 1648, 1 v. in-4°, r.

1057. Codex. — Pharmacopée française, publiée par ordre du Gouvernement, par une Commission composée de M. Orfila et autres professeurs de la faculté de médecine, Paris, Béchet, 1837, 1 v. in-4°, b., *g*.

1057 bis. Même ouvrage, édition de 1839, 1 v. in-8°, b.

1058. Synthèses de pharmacie et de chimie présentées et soutenues par :

MM. Chevallier, de Saint-Pol, en 1832.

Thilliez, de Magnicourt en-Comté, en 1862.

Ricouart, Omer, de Saint-Pol, en 1863.

MÉDECINE, CHIRURGIE ET ART VÉTÉRINAIRE.

1059. Traité de médecine pratique et de pathologic iatrique ou médicale, par M. Piorry, Paris, Pourchet, 1841, 9 v. in-8°, b., *g*.

1060. Revue médicale française et étrangère, journal des progrès de la médecine hippocratique, dirigé par M. le Docteur Cayol (en cours de publication), 16 v. in-12, b., *g*.

1061. Œuvres de M. Abraham de la Framboisière, conseiller et médecin du roi, où sont méthodiquement décrites l'histoire du monde, la médecine, la chirurgie et la pharmacie, pour la conservation de la santé et la guérison des maladies internes et externes, Lyon, 1669, 1 v. in-f°, r. (en latin avec traduction en français).

1062. Dictionnaire universel de médecine, chirurgie, chimie, botanique, anatomie, pharmacie, histoire naturelle, etc., traduit de l'anglais de M. James, par MM. Diderot, Eidous et Toussaint, revu, corrigé et augmenté par M. Julien Busson, docteur régent de la faculté de médecine de Paris, Paris, 1747, 6 v. in-f°, r., *a*.

1062 bis. Œuvres complètes d'Hippocrate, traduction nouvelle avec le texte grec en regard, par E. Littré, Paris, Baillére, 1840-1861, 10 v. in-8°, b., *g*.

1063. Œuvres d'Oribase, texte grec en grande partie inédit, collationné sur les manuscrits, traduit pour la première fois en français, avec une introduction, des notes, des tables et des planches, par les docteurs

Bussemacker et d'Arcmberg, Paris, 1851 (en cours de publication), 4 v. in-4° parus, g.

1064. Œuvres d'Ambroise Paré, conseiller et premier chirurgien du roi, Lyon, 1685, 13e édition, 1 v. in-f°, r.

1065. Même ouvrage, édition publiée par Malgaigne, Paris, Baillère, 1841, 3 v. in-4°, b., g.

1066. Instructions de médecine pratique, de J.-B. Borsieri (de Kamfeld), traduites par Léopold Ledru, Paris et Arras, Baillet et Nepveu, 1834, 1 v. in-8°, b.

1067. Médecine universelle, par Jean Ailhaud, 1764, 1 v. in-18, r.

1068. Dictionnaire médicinal portatif, avec un dictionnaire abrégé des plantes usuelles, par D'Houry, 1763, 1 v. in-8°, r.

1069. Pratique de médecine, par Michel et Muller, 1698, 1 v. in-12, r.

1070. Nosographie philosophique ou méthode de l'analyse appliquée à la médecine, par Fél. Pinel, Paris, 1818, 3 v. in-8°, b.

1071. Répertoire complet de thérapeutique pratique, par Maire, Paris, Baillère, 1841, 1 v. in-4°, b., g.

1072. Précis de matière médicale, par Lieutaud, Paris, 1766, 1 v. in-8°, r.

1073. Médecine militaire (texte allemand), 1 v. in-12, b.

1074. Formulaire de médecine de Lyon, 1730, 1 v. in-12, r.

1075. Les commentaires du P. André Mathiolus, sur les 6 livres de Pedacius Dioscoride Anazarbéen, de la matière médicale, traduits du latin en français, par Du Pinet, et illustrés d'un bon nombre de figures, Lyon, 1655, 1 v. in-f°, r.

1076. Annales d'hygiène publique et de médecine légale, par MM. Andral, Adelon, Chevallier, Devergie, Tardieu, etc., 1854 à 1864, 22 livraisons (collection incomplète).

1077. Dictionnaire d'hygiène publique et de salubrité, par M. Ambroise Tardieu, Paris, 1854, 3 v. in-8°, b.

1078. Manuel d'hygiène publique et privée, par L. Deslandes, Paris,

Gabon, 1829, 1 v. in-12, b.

1079. Rapport général sur les travaux des conseils d'hygiène publique et de salubrité, par MM. Gossart et Parenty, Arras, 1854, 1 v. in-8°, b.

1080. Autre rapport sur les travaux de 1858 à 1860, présenté au Préfet, par M. le Dr Dehée, d'Arras, 1861, broch. in 8°.

1081. Mémoire sur l'emploi du tartre stibié, à hautes doses dans la péripneumonie, par le Dr B. Danvin, de Saint-Pol, Paris, Baillère, 1830, broch. in-8°, avec un grand tableau synoptique.

1082. De la méthode numérique et de ses avantages dans l'étude de la médecine. — Thèse inaugurale, par M. le Dr Danvin, Paris, 1831.

1083. Considération sur la convenance de la création d'un asile central d'aliénés dans le Pas-de-Calais, et de son établissement près la ville de Saint-Pol, même auteur, 1841.

1084. Organisation de la médecine en France. — Programme ou avant-projet, même auteur, Saint-Pol, 1845, 1 v. in-18, b.

1085. Examen des opinions critiques émises au sujet du système d'organisation médicale, même auteur, 1846.

1086. Rapport de la Commission sanitaire de l'arrondissement de Saint-Pol, 1849, broch. in-12, par le même.

1087. Assistance publique. — De l'insuffisance du secours médical à domicile et de la nécessité d'hôpitaux cantonaux, même auteur, 1852,

1088. Rapport à l'Académie d'Arras sur ce Mémoire, par M. Billet, avocat, 1853.

1089. Assistance publique. — Organisation d'hôpitaux régionaux pour le service des indigents des campagnes. — Exposé de l'état actuel des ressources, des proportions, de la distribution de l'assistance hospitalière en France, et des moyens d'étendre cette assistance à toutes les contrées qui en sont dépourvues, par M. le Dr B. Danvin, 1854.

1090. Lettre à M. Louis sur le traitement de la diphthérite ou angine couenneuse, par le cautère Mayor, même auteur, 1855.

1091. Empoisonnement par la strychnine. — Rapport médico-légal, même auteur, 1861.

1092. Conseils aux administrations et aux populations, dans le but de prévenir le choléra et les autres maladies épidémiques, par M. le Dr B. Danvin, médecin des épidémies de l'arrondissement de Saint-Pol, médecin de l'hospice et du bureau de bienfaisance de Saint-Pol et membres de plusieurs Sociétés savantes, Saint-Pol, Becquart, 1866, br. in-8.

1093. Rapport sur la grippe de 1857 dans le canton d'Hesdin, par le Dr A. Danvin, d'Hesdin, 1858, br. in-12. (Auteur né à Saint-Pol).

1094. Actes du Congrès médical, session de 1815, Paris, 1846, 1 v. in-12, b., g.

1095. La chirurgie complète par demandes et par réponses, par Leclercq, Paris, 1702, 1 v. in-12, r.

1096. Le maître en chirurgie ou abrégé complet de chirurgie, par Guy de Chauliac, Paris, 1850, 1 v. in-12, r.

1097. Dictionnaire de chirurgie, par M. Sue, Paris, 1771, 1 v. in-12, r.

1098. Principes de chirurgie, par Georges de la Faye, Paris, 1811, 1 v. in-12, r.

1099. Nouveaux principes de chirurgie, par M. Legouas, 1822, 1 v. in-8°, r.

1100. Traitement des maladies des femmes grosses et de celles qui sont accouchées, par Mauriceau, 1694, 1 v. in-8°, r.

1101. Observations sur la grossesse et l'accouchement des femmes, sur leurs maladies et celles des enfants nouveau-nés, par Fr. Mauriceau, Paris, 1694, 1 v. in-4°, r.

1102. Observations sur la pratique des accouchements naturels, etc., par Cosme-Viardel, Paris, Courterot, 1671, 1 v. in-12, r.

1103. Principes de l'art des accouchements, par demandes et par réponses, par Baudelocque, Paris, 1787, 1 v. in-8°, r.

1104. Traité pratique d'auscultation, par Barth et Roger, 1841, 1 v. in-18, b.

1105. Essai sur les maladies de l'oreille, par le Dr Hubert Valleroux, Paris, Fortin, 1846, 1 v. in-8°, b., g.

1106. Observations sur les différents moyens de combattre les fièvres putride et maligne, par Banau, Amsterdam, 1784, 1 v, in-8°, r.

1107. Traitement de la fièvre tiphoïde et de la rougeole, broch. in-12.

1108. Mémoire sur l'emploi de l'extrait de Benoite, contre les fièvres intermittentes, par J.-P. Chevalier, de Saint-Pol, pharmacien-chimiste à Amiens, brochure in-8°.

1109. Pratiques de Barbette (en latin), avec notes et observations de Frédéric Deckers, médecin, Lyon, 1669, 1 v. in-12, r.

1110. Histoire des phlegmasies ou inflammations chroniques, par Broussais, 4° édition, revue et augmentée de notes, avec portrait de l'auteur, Paris, Gabon, 1826, 3 v. in-8°, b.

1111. Avis au peuple sur sa santé, par Tissot, Lyon, 1772, 2 v. in-12, réunis.

1112. L'art de soigner les pieds, par Laforest, pédicure du Roi, 1782, 1 v. in-12, r.

1113. Avis sur les moyens pratiqués pour secourir les personnes noyées, enragées, etc. (extrait des Mémoires de Portal), broch. in-8°.

1114. Traité des bandages et appareils, par Thillage, Paris, 1792, 1 v. in-8°, r.

1115. Rapport sur le choléra morbus, lu en séance de l'Académie de médecine, en juillet 1831, 1 v. in-8°, b.

1116. Ecole de Salerne. — Préceptes sur l'hygiène (en latin), Rotterdam, 1657, 1 v. in-18.

1117. Elixir américain, découvert par Decourcelle, Chalons-sur-Marne, 1783, 1 v. in-8°.

1118. L'eau de mort, ou les funestes effets de l'ivrognerie, par M. Labourt, de Doullens, 1853, broch. in-18.

1119. Observations sur la rage, par Leroux, Dijon, 1780, br, in-12.

1120. Mémoire sur le danger des inhumations précipitées et sur les signes de la mort, par J.-B. Vigné, de Rouen, 1836, broch. in-8°.

1121. Instructions sur les maladies de l'urêtre et de la vessie, par Arnauld, 1764, 1 v. in-12, b.

1122. Lettres sur les désolations de la nature, par Hazard, Londres, 1780, 1 v. in-18, b.

1123. Traité des maladies des enfants jusqu'à la puberté, par M. Capron, Paris, 1813, 1 v. in-8°, b.

1124. Observations sur l'usage des végétaux exotiques dans les maladies vénériennes, par Jacques Dupau, Paris, 1782, 1 v. in-32, r.

1125. Appréciation de la médecine dévoilée, de M. Chevalier, d'Amiens (Saint-Polois), 1857, broch. in-12.

1126. Tableau des maladies de Lommius, traduit par l'abbé Mascrier, Paris, 1765, 1 v. in-12, r.

1127. Traité des sels, par Georges-Ernest Stahl, 1761, 1 v. in-12, r.

1128. Manuel du vaccinateur, par M. Morgras, de Nancy, médecin à Paris, 1850, 1 v. in-18, b., *g.*

1129. L'onanisme, par Tissot, 1765, 1 v. in-12, r.

1130. Même ouvrage, édition de 1774, 1 v. in-12, r.

1131. Vrai moyen de vivre plus de cent ans dans une santé parfaite, avec notes, par M. D. L. P., suivi des moyens assurés de conserver la santé, par d'Homergue, publié par Lessias et Cornaro, à Paris et Bruxelles, 1705, 1 v. in-18, r.

1132. Traité de la vraie cause des maladies, et manière de les guérir par un seul remède, Paris, 1776, 1 v. in-12, r.

1133. Benedicti victorii Faventini medicioline ac philosophi prœstantissimi de curandis morbis, ac tyrones pratica magna, etc., par Petrum Uffenbachium, Francfort, 1628, 1 v. in-12, r.

1134. De morbis inflammatoriis in specie de phenitide. — Copie manuscrite (incomplète), caractères modernes, 1 v. in 8o, b.

1135. Tratactus medicinœ morborum historiam et médendi methodum complectens (incomplet), copie manuscrite en caractères modernes, 1 v. in-8, r.

1136. Tractatus de precipuis morbis chronicis non febrilibus (incomplet), copie manuscrite en caractères modernes, 1 v. in-8, r.

1137. Thèses de MM. les Docteurs :

1° B. Danvin, de Saint-Pol, avril 1831, sur la méthode numérique.

2° A. Danvin, du Vieil-Hesdin, 1831, observations et propositions sur quelques accidents très communs à la suite des suppurations aigues.

3° Capron, de Saint-Pol, 1836, propositions de médecine et de chirurgie.

4° Ledru, d'Avesnes-le-Comte, 1838, sujets divers.

5° Delahousse, Réné, de Saint-Pol, 1840, questions diverses.

6° Blaire, de Tilloy-lez-Hermaville, 1857, de l'anesthésie locale.

7° Delahousse, Charles, de Saint-Pol, 1860, étude raisonnée des phénomènes de la vie.

8° Herbout, de Frévent, 1862, de l'ulcère simple chronique de l'estomac.

9° Bornay, Louis, de Saint-Pol, 1863, du tabac, sa découverte, son introduction en Europe, etc,; ses différents usages et ses effets.

10° Engrand, d'Aire, 1839, questions sur diverses branches des sciences médicales.

MÉDECINE VÉTÉRINAIRE.

1138. Traité élémentaire de matière médicale ou de pharmacologie vétérinaire, suivi d'un formulaire pharmaceutique raisonné, par Moirond, Paris, 1831, 1 v. in-8°, b.

1139. Le Trésor du laboureur, ou l'art de guérir les chevaux et les bêtes à cornes, broch. in-32.

1140. Le nouveau parfait bouvier, par Berthaud, 3° édition, augmentée du répertoire du laboureur et du jardinier, Paris, 1736, 1 v. in-12, r.

1141. Traité de la pourriture ou cachexie aqueuse des bêtes à laine, Paris, 1854, broch. in-12, g.

1142. Rapport sur une nouvelle épizootie qui a attaqué les étalons et juments poulinières des Hautes-Pyrénées, par MM. Ivart et Lafosse, 1853, broch. in-8°, g.

1143. Le véritable parfait maréchal, par Silleysel, Trévoux, Molin, 1675, 1 v. in-4°, r., avec planches.

1144. Instruction sur la péripneumonie, ou affection gangréneuse du poumon dans les bêtes à cornes, par Chabert, Paris, an II, broch. in-12.

<hr />

ANATOMIE.

1145. Les œuvres anatomiques et chirurgicales, de M. Courtin, docteur-régent de la faculté de médecine de Paris, Rouen, 1656, 1 v. in-f°, r.

1146. Anatomie générale et particulière du genre humain, avec des observations chirurgicales sur chaque partie, par M. Durand, Lille et Arras, 1774, 2 v. in-8°, r.

1147. Anatomie, par de Launoye, copie manuscrite en caractères modernes, 1 v. in-8°, couvert en parchemin, et s'arrêtant à la circulation du sang.

1148. Traité d'anatomie ou description de toutes les parties du corps humain, par M. le baron Boyer, Paris, Migneret, 1815, 1 v. in-8°, b.

1149. Eléments d'anatomie générale, par P.-A. Béclard, d'Angers, Paris, Béchet, jeune, 1823, 1 v. in-8°, r.

<hr />

PHYSIOLOGIE.

1150. Nouveaux éléments de physiologie, par Anthelme Richerand, Paris, Crapart, Caille et Raviez, 3° édition, 2 v. in-8°, r.

1151. Physiologie à l'usage des colléges et des gens du monde, expliquée sur 11 planches à l'aide de figures découpées et superposées, par Achille Comte, Paris, 1836, 1 v. in-8°, en forme d'atlas.

1152. Embryogénie comparée, par M. Coste, publiée par M. Chazal, avec 1 atlas de 20 planches, t, 1ᵉʳ et 10 planches, in-4°, b., g.

1153. Histoire générale et particulière du développement des corps organisés, par M. Coste, Paris, Masson, 1859, in-4°, b., g, 1er vol. en 3 fascicules, 1er fascicule du t. 2, et 25 planches.

1154. Eléments de morphologie humaine, 1re partie, physionomie de relation, 1847, broch. in-12, g.

1154 bis. Leçons sur les phénomènes physiques des corps vivants, par Matteucci, Paris, 1846, 1 v. in-12, b., g.

1155 Histoire physiologique et pathologique de la salive, par le Dr Donné, Paris, 1856, broch. in-8°, de 121 pages, g.

ZOOLOGIE.

1156. Des Phoques sur les côtes de la Manche, par M. Porphyre Labitte, extrait du *Journal des Chasseurs*, juin, 1850, broch. in-8°.

1157. Traité de la nature des viandes et du boire, avec leurs vertus, vices et remèdes, et histoires naturelles, de l'italien, du Dr Balthazar Piconelli, Arras, Giles-Bauduin, 1596, 1 v. in-12, r.

1158. Atlas de zoologie, avec une explication, par F. Gervais, Paris, 1844, 1 v. in-8°, r.

ETHNOGRAPHIE.

1159. De l'homme et des races humaines, par le Dr Henry Hollard, Paris, 1853, 1 v. in-12, b., a.

ENTOMOLOGIE.

1160. Abrégé de l'histoire des insectes, par Guillard-Gaspard de

Beaurieu, de Saint-Pol, Paris, Pankoucke, 1764, 1ᵉʳ v. in-12, r. (le vol. ou les vol. suivants manquent).

1161. Histoire abrégée des insectes qui se trouvent aux environs de Paris, Paris, Durand, 1762, 2 v. in-4°, r., avec plusieurs planches.

1162. Histoire de l'animal ou la connaissance du corps animé par la mécanique et la chimie, par Daniel Duncan, Paris, 1687, 1 v. in-12, r.

1163. Le ver à soie du chêne, par Camille Personnat, Paris, 1866, 1 v. in-8°, b., g.

BOTANIQUE.

1164. Leçons de botanique, par M. Auguste de Saint-Hilaire, Paris, 1841, 1 v. in-8°, b., g.

1165. Eléments de botanique, par P. Duchartre, de l'Institut, Paris, 1867, 1 v. in-8°, r., g.

1166. Le Botaniste français, par Barbeu-Dubourg, Paris, Lacombe, 1767, in-12, 1 v., r.

1167. Flore française, par MM. de Lamarck et de Candolle, Paris, 1815, 3ᵉ édition, grand in-8°, 6 v., b.

1168. Flore du centre de la France, par A. Boreau, Paris, 1840, 2 v. in-8°, b., g.

1169. Calendrier de Flore, ou catalogue des plantes des environs de Noyon, etc., par M. D. F. L., baron de M., Noyon, 1829, broch. in-12.

1170. Portrait des plantes, réduit en petites figures, d'après ceux de MM. Léon Fuchs, avec les noms grecs, allemands, latins et français, Lyon, Balthazar Arnoullet, 1 v. in-18, b.

1171. Theophrasti Eresii de historia, plantarum, Amsterdam, 1644, 1 v. in-f°, r.

1172. Catalogue latin et français des arbres et arbustes, par Buc'hoz, Londres, 1785, 1 v. in-18, b,

1173. Catalogue latin et français des plantes vivantes, par Buc'hoz,

Londres, 1786, 1 v. in-12, r.

1174. Stirpium imagines, avec la représentation des plantes en gravures noires sur bois, d'après les planches de Juschs, et les noms des figures en grec, latin et français, Lyon, 1549, 1 v. in-18, r.

MINÉRALOGIE.

1175. Traité de minéralogie, par A. Dufrénoy, Paris, 1844, 4 v. in-8°, b., g.

1176. Traité sur la science et l'exploitation des mines, par Délius, traduit par Schreiber, Paris, 1778, 2 v. réunis.

NOTA. — Pour complément des sections comprenant l'Histoire naturelle, voir n° 1000, Dictionnaire d'histoire naturelle, et n° 1002, Œuvres complètes de Buffon.

AGRICULTURE.

1177. Le Théâtre d'agriculture d'Olivier de Serres, Rouen, 1646, gros vol. in 8°, r.

1178. Maison rustique du 19ᵉ siècle. — Encyclopédie d'agriculture pratique, etc.; cours élémentaire complet et méthodique d'économie rurale, avec plus de 2,000 figures, représentant tous les instruments, machines, etc., rédigé et professé par une réunion d'agronomes et de praticiens, appartenant aux Sociétés agricoles de France, sous la direction de M. E. Bailly de Merlieux, Paris, 1835-37, 4 v. in-8°, r., g.

1179. Journal d'agriculture pratique, les deux premiers volumes, juillet 1837 à juin 1839, in-8°, b., g.

1180. L'agronome, ou dictionnaire portatif du cultivateur, par M. Deslormes, Paris, 1828, 2 v. in-8°, réunis.

1181. Columelle. — De l'économie rurale, traduction de M. Louis Dubois, Paris, Panckoucke, 1845, 1 v. in-8°, b., g.

1182. Economie rurale de la France, par M. de Lavergne, de l'Institut, Paris, 1850, 1 v. in-12, b., g.

1183. Agriculture française, départements de Haute-Garonne, Tarn, Hautes-Pyrénées, Aude, Isère, Nord et Côtes-du-Nord, 7 v. in-8°, b., g.

1184. Congrès central d'agriculture, 1ʳᵉ et 2ᵉ sessions, 1844-45, 2 v. in-8°, b., g.

1185. 1° Les moyens d'améliorer l'agriculture française, par M. Dézémeris, 1ᵉʳ mémoire, 1842, broch. in-12; 2° Notions pratiques d'agriculture, 1ʳᵉ partie. — Principes généraux, 1843, broch. in-12.

1186. Essai sur l'administration de l'agriculture, du commerce, et suivi d'un essai historique sur cette question, par Costaz, Paris, 1818, 1 v. in-8°, b.

1187. Journal d'agriculture et de prospérité publique, par le Comité central du ministère de l'intérieur, Paris, imprimerie nationale, an II, 1ᵉʳ numéro, broch. in-8°.

1188. L'agriculture allemande, ses écoles, son organisation, ses mœurs, par M. Royer, inspecteur de l'agriculture, Paris, 1847, 1 v. in-8°, b., g.

1189. L'agriculture anglaise, par M. Baucelin-Dutertre, 1 v. in-8°, b., g.

1190. Rapport au ministre de l'agriculture et du commerce, sur la législation des irrigations en Italie et en Allemagne, par M. de Monny de Mornay, Paris, 1844, 1 v. in-8°, b., g.

1191. Description des espèces bovine, ovine et porcine de la France, par MM. les Inspecteurs généraux de l'agriculture. — Tome 1er, Espèce bovine, 1re livraison, race flamande, par M. Lefour, 1856, 1 v. in-8°, b., g.

1192. Vacherie nationale du Pin (Orne). Animaux de la race courte-corne améliorée, dite race de Durham, dessinés d'après nature, par Gustave Lecouteux, Atlas de 13 planches, in-8°, b., g.

1193. Registre des animaux de la race bovine de Durham, nés ou importés en France, Paris, 1855, 1 v. in-8°, b., g.

1194. De la race bovine dite de Durham, en Angleterre, aux Etats-Unis et en France, 1859, 1 v. in-8°, b., g.

1195. Notes sur l'élevage du bétail des espèces bovine, ovine et porcine de l'Empire Autrichien, Paris, 1856, 1 v. in-8°, b., g.

1196. Mémoire sur les laines, les bestiaux et l'engrais des terres calcaire, par M. Capdoye, broch. in-8°.

1197. Etudes sur la race mérinos, par Ivart, broch. in-12, g.

1198. De l'espèce chevaline en France, par le général Lamoricière, Paris, 1850, 1 v. in-4°, b.

1199. Bulletin de la colonie agricole de Mettray, 1841, broch. in-12.

1200. Exposé sur l'enseignement agricole de l'Institut de Grignon, 1841, broch. in-12.

1201. Recherches sur le maïs, par M. Pallas, de Saint-Omer, 1837, broch. in-8°.

1202. 1° Altération des pommes de terre. — Avis aux cultivateurs, émanant du ministère de l'Agriculture et du Commerce, 1845, broch.

in-18;

2o Histoire de la maladie des pommes de terre, 1845, broch. in 12;

3° Sur le moyen de guérir la pomme de terre, par la plantation d'automne. — Lettres adressées à la Société nationale d'agriculture de Paris, Paris, 1848, broch. in-12.

1203. Rapport au ministre de l'agriculture, sur le rouissage du lin, le drainage, etc., Paris, 1850, 1 v. in-8°, b., g.

1204. Rapport sur la production et l'emploi du sel en Angleterre, Paris, 1850, 1 v. in-8°, b., g., auquel est jointe : Courte instruction sur l'emploi du sel en agriculture, par M. J. Girardin, professeur, Rouen, 1848.

1205. Traité des engrais, par P. Joigneaux, 1848, broch. in-32, g.

1206. Considérations sur l'action des engrais, par Bobière, 1854, broch. in-12, g.

1207. Catalogue des produits de l'Algérie, Paris, 1855, br. in-12, g.

1208. Discours de M. Mercier de Lacombe, Conseiller d'Etat, au Corps législatif, le 11 juin 1861, sur les produits de l'Algérie, broch. in-8°, g.

1209. De l'échelle mobile. Mémoire adressé à M. le Président du Comice agricole de Provins, par un cultivateur, Paris, 1858.

1210. Délibérations des Sociétés d'agriculture, sur la législation des céréales, 1859, 1 v. in-8°.

1211. Législation des céréales, les Comices agricoles et le Conseil d'Etat, par M. le comte de Tramecourt, Paris, 1860, 1 v. in-8°, b.

1212. Délibérations des Comices agricoles de Lille et de Provins, sur la situation de l'agriculture, Paris, 1860, broch. in-12.

1213. Mémoire de la Société linnéenne du Calvados, année 1824, Caen, 1 v, in-8°, b., avec estampes.

1214. Travaux de la Société d'agriculture, du commerce, des sciences et des arts de Boulogne-sur-Mer, octobre 1832 à septembre 1834, 1 vol.; 2e série à partir du 11 décembre 1836, 3 v., en tout 4 v. in-8°, b.

1215. Mémoires de la Société d'agriculture de l'arrondissement de

Saint-Omer, 1837, t. 1ᵉʳ, in-8°, b.

1216. Bulletin de la Société centrale d'agriculture du Pas-de-Calais, collection complète, comprenant, savoir : 1ʳᵉ série, années 1835 à 1843; 2ᵉ série, années 1844 à 1849; 3ᵉ série, années 1857 à 1865, formant 3 v. in-12, b.

1217. Bulletin des travaux de la Société d'agriculture de l'arrondissement de Saint-Pol, années 1842, 43, 44, 1 v. in-12 ; années 1860 à 1867, y compris le nouveau Réglement de 1863, 1 v. in-8°, b., auquel est joint le Mémoire de M. Etienbled, de Frévent, sur l'espèce porcine, lu à la Société en 1864.

1218. Discours de M. le Dʳ B. Danvin, de Saint-Pol, à la Société d'agriculture, en 1844 et 1845, 2 broch. in-8°.

1219. Discours de M. Fillemin, Sous-Préfet de Saint-Pol, à la Société d'agriculture, en 1861 et 1862, 2 broch. in-8°.

1220. La fécondation artificielle, dans l'agriculture, publication de la Société agricole du canton de Fruges, Saint-Omer, 1865, broch. in-12 de 23 pages.

ARBORICULTURE.

1221. Catalogue latin et français des arbres et arbustes qu'on peut cultiver en France, par Buchoz, Londres, 1785, broch. in-12, de 100 pages.

1222. Traité complet sur les pépinières, par Etienne Calvel, 1805, 1 v. in-12, r.

1223. Instruction sur les pépinières, adressée à un régisseur, par M. Eugéne Parmentier, membre correspondant de la Société royale et centrale d'agriculture, des sciences et des arts du département du Nord, séant à Douai, broch. in-12, de 95 pages.

HORTICULTURE.

1224. Maison rustique du 19e siècle, Horticulture, 1845, 5e volume de la collection, b.

1225. La culture parfaite des jardins fruitiers et potagers, suivi dι traité facile pour apprendre à traiter les figuiers, par L. Léger, d'Auxerre, Paris, veuve Gosse, 1702, 1 v. in-12, r.

1226. Le Jardinier fleuriste et historiographe, par L. Léger, d'Auxerre, Amsterdam, Etienne Roger, 1706, 2 v. in-12 reliés en un seul, avec un grand nombre de figures démonstratives.

1227. Guide pratique du jardinier multiplicateur, par Carrière, 1856, 1 v. in-18, b., g.

1228. Cours élémentaire de culture maraîchère, par Courtois-Gérard, 1856, 1 v. in-12, b., g.

1229. Le Jardinier d'Artois, par F.-C. Bonnelle, Arras, Michel Nicolas, 1763, 1 v. in-8°, r.

1230. Catalogue de 1836 et 1837, des fleurs, fruits et légumes, par la Société d'agriculture de Saint-Omer (section d'horticulture), Saint-Omer, 1836-37, Chauvin, 2 cahiers in-8°.

1231. Compte-rendu de l'Exposition publique de Saint-Omer, du 18 juin 1843, broch. in-8°.

INDUSTRIE ET COMMERCE.

1232. Dictionnaire du citoyen, ou abrégé historique, théorique et pratique du commerce, Amsterdam, 1762, 2 v. in-8°, r.

1233. Agenda ou manuel des gens d'affaires, Paris, 1772, 1 v. in-12, r.

1234. Science des négociants et teneurs de livres, par Delaporte, Rouen, 1785, 1 v. in-8°, r.

1235. Dissertation sur les causes de la décadence de l'industrie et du commerce en Espagne, au 17e siècle, Strasbourg, 1839, broch. in-8°, de 87 pages.

1236. De l'industrie française, par le comte de Chaptal, 1819, 1 v. in-8°, b.

1237. Leçons sur l'industrie et les finances, par Emile Péreire, Paris, bureaux du *Globe*, 1832, 1 v. in-8°, b.

1238. Bibliothèque physico-économique du Journal des découvertes et perfectionnements de l'industrie nationale et étrangère, Paris, Bertrand, 1838, 2 v. in-8°, r.

1239. Traité complet de la filature du coton, par M. Alcan, Paris, 1865, 1 v. in-8°, b., avec atlas, r., g.

1240. L'année scientifique et industrielle, par Louis Figuier, 1850, 1 v. in-12, b.

1241. Enquête préalable au traité de commerce avec l'Angleterre, 8 v. in-4°, b.

1242. Documents sur le commerce extérieur de la France, nos 1er à 443, 10 v. in-8°, b.

1243. Comité central pour la défense du travail national, réponse à la chambre de commerce de Bordeaux, janvier 1844, 1 v. in-8°, b.

1244. Mémoire sur les sucres, par le prince Louis-Napoléon Bonaparte, daté de Ham, 1842, 1 v. in-8°, b.

1245. Question des sucres, appel au bon sens des départements, par le baron Charles Dupin, Paris, 1843, broch. in-8°.

1246. Rapport de la Commission de la chambre de commerce d'Arras, sur la question des sucres, 1839, broch. in-4°.

1247. De la question vinicole, par M. Laissac, 1843, broch. in-12.

1248. Question vinicole, Comité central des délégués, 1845, broch. in-12.

1249. Histoire de la soie (temps antérieurs au 7ᵉ siècle), par Ernest Pariset, fabricant de soieries, Paris, Durand, 1862, 1 v. in-8°, b., g.

EXPOSITIONS UNIVERSELLES.

1250. Année 1834, Rapport du Jury central sur l'Exposition de l'industrie française, 3 v. in-8°, b., g.

1251. Année 1839, Rapport semblable, 3 v. in-8°, b., g.

1252. Année 1855, Catalogue officiel, 1 v. in-8°, b., g.

1253. Rapport du Prince Napoléon, Président de la Commission, 1 v. in-8°, b., g.

1254. Rapport du Jury international, 1 v. in-8°, b.

1255. Année 1862, Rapport sur la section française de l'Exposition de Londres, 1 v. in-8°, b., g.

BANQUES ET SOCIÉTÉS DE CRÉDIT.

1256. Opérations sur les changes des principales places de l'Europe, par Ruelte, 1775, 1 v. in-8°, r.

1257. Du crédit et des banques, par Charles Coquelin, Paris, 1848, 1 v. in-12, b.

1258. Réorganisation des banques, Paris, 1864, 1 v. in-8°, b.

1259. Rapport sur les institutions de crédit hypothécaire, en Allemagne et en Belgique, par M. Royer, 1844, 1 v. in-8°, b.

1260. Des institutions du crédit foncier, eu Allemagne et en Belgique, par M. Royer, inspecteur de l'agriculture, Paris, 1845, 1 v. in-8°, b.

1261. Des institutions de crédit foncier et agricole dans les divers Etats de l'Europe, 1851, 1 v. in-8°.

1261 bis. Crédit foncier de France, voir le traité de M. Josseau, avocat, n° 257, section de législation.

ÉCONOMIE SOCIALE.

POLITIQUE.-ADMINISTRATION

ECONOMIE ET POLITIQUE GÉNÉRALE.

1262. Les six livres de la République, de Jean Bodin, angevin, Paris, 1599, 1 fort v. in-12, r.

1263. Les six livres politiques de Georges Schombernirus (en latin). 1re édition, corrigée sous les yeux de l'auteur, Amsterdam, Elzevir, 1642, 1 v. in-8°, r.

1264. Intérêts présents des puissances de l'Europe, par Rousset, La Haye, 1734, 2 v. in-12, r. (incomplet).

1265. L'alambic des lois, ou observations de l'ami des Français sur l'homme et les lois, 1773, 1 v. in-8°, r.

1266. Economie politique, par Droz, Paris, Renouard, 1846, 1 v. in-8°, b., g.

1267. Collection des principaux économistes physiocrates : Quesnay, Dupont de Nemours, Mercier de La Rivière, l'abbé Baudeau, Letronne, avec introduction et notice, par Eugène d'Aire, Paris, Guillaumin, 1846, 2 v. in-8°, b., g.

1268. Essai sur la propriété, par Bergasse, 1821, 1 v. in-8°, b.

1269. Statistique des libertés de l'Europe, en 1829, par M. de Pradt, archevêque de Malines, Paris, 1829, 1 v. in-8°, b.

1270. Œuvres de Frédéric Bastiat.— Sophismes économiques.—Propriété et loi. — Justice et fraternité. — Capital et rente. — Protectionnisme et communisme. — L'Etat. — Maudit argent. — Paix et liberté, ou le budget républicain. — Gratuité du crédit. — Bacchalauréat et socialisme. — Propriété et spoliation. ·-Incompatibilités parlementaires, 13 v. in-18, b. de 1849 à 1851.

1271. Des intérêts nouveaux en Europe, depuis la Révolution de 1830, par Louis de Carné, Paris, 1838, 2 v. in-8°; b , g.

1272. Etudes sur les réformateurs contemporains ou socialistes modernes : Saint-Simon, Ch. Fourier, Robert Owen, par Louis Reybaud, Paris, Guillaumin, 1841, 2 v. in-8°, b., g.

1273. De la misère des classes laborieuses, en Angleterre et en France, par Eugène Buret, Paris, 1840, 2 v. in-8°, b., g.

1274. De la liberté du travail, par M. Charles Dunoyer, membre de l'Institut, Paris, Guillaumin, 1845, 3 v. in-8°, b., g.

1275. De l'influence du bien-être matériel, par Edouard Mercier, 2 v. in-12, b., g.

1276. Choix d'opinions et discours de M. le comte Siméon, 1824, 1 v. in-8°, b., g.

1277. Examen du système électoral anglais depuis l'acte de réforme, comparé au système électoral français, par M. Jollivet, Paris, Giraudet, 1838, 1 v. in-8°, b., g.

1278. De la politique extérieure et intérieure de la France, par M. Duvergier de Hauranne, député, Paris, 1842, 1 v. in-8°, b., g.

1279. De la démocratie en Amérique, par M. de Tocqueville, membre de l'Institut, Paris, Pagnerre, 1850, 2 v. in-12, b.

1280. Chateaubriand. Mélanges politiques, 2 v. in-8°, r. (de ses œuvres complètes).

1281. Chateaubriand. Opinions et discours, 1 v. in-8°, r. (de ses œuvres complètes).

1282. Chateaubriand. Polémique, 1 v. in-8°, r. (de ses œuvres complètes).

1283. Mémoires politiques, par M. de Lamartine, t. 37 à 40 de ses œuvres complètes, a.

1284. Des principes de l'économie politique et de l'impôt, par David Ricardo, traduit de l'anglais, par Constancio, avec notes explicatives et critiques, par J.-B. Say, 2e édition, Paris, Aillaud, 1835, 2 v. in-8°, b., a.

1285. Essai sur l'économie rurale de l'Angleterre, de l'Ecosse et de l'Irlande, par M. de Lavergne, Paris, 1858, 1 v. in-12, b., g.

1286. Du respect des puissances établies, par Godin, avocat, 1863, 1 v. in-18, b., g.

1287. Rapport sur l'état social des populations de la Turquie d'Europe, par M. Blanqui, de l'Institut, Paris, 1842, broch. in-8°.

1288. Rapport sur un concours d'économie publique, par M. Parmentier, avocat, Douai, 1838, opusc. in-18.

1289. 1° Biens communaux. — De leur meilleur emploi, par M. d'Yvincourt-Laudigeois, Paris, 1845, broch. in-12.

2° Amélioration dans leur mode de jouissance, par M. Billet, avocat à Arras, 1850, broch. in-12.

1290. Intérêts civils et commerciaux. — La liberté humaine, ou considérations sur la contrainte par corps, par M. Billet, avocat à Arras, 1865, broch. in-12. — La véritable liberté, par le même auteur, 1860, broch. in-12.

1291. Recherches sur les moyens de prévenir le retour des crises en matière de subsistances, et sur la possibilité d'obtenir une bonne statistique annuelle des ressources alimentaires de la France, par M. le baron de Tocqueville, Compiègne, 1847, broch. in-12.

1292. Testament politique du marquis de Louvois, premier ministre d'Etat sous Louis XIV, 1695, 1 v. in-12, r.

1293. Etude sur l'administration de Turgot, par M. Billet, avocat à Arras, Arras, 1852, broch. in-12.

1294. Acte constitutionnel, précédé de la déclaration des droits de l'homme et du citoyen, présenté au peuple français par la Convention nationale, le 24 juin 1793, broch. in-8°.

1295. Politique européenne. — Politique industrielle et système de la Méditerranée, par Michel Chevalier. — Appel à tous par les apôtres de la religion Saint-Simonienne, extrait du journal le *Globe*, 1832, 1 v. in-8°.

1296. *Moniteur universel*, depuis la réunion des Etats-Généraux jusqu'au Consulat, mai 1789 à novembre 1799, réimpression avec des notes explicatives et des tables, 44 v. in-8°, b., a.

1297. Tables chronologique et alphabétique du *Moniteur universel*, pour la période de l'an VIII à 1845, 2 v. in-f°, r.

1298. *Moniteur universel*, années 1826 et 1827, moins le mois d'août, 2 v. in-f°.

1299. *Moniteur universel,* années 1837 à 1847, collection de 11 années incomplète.

1300. Procès-verbaux des séances de la Chambre des représentants, du 13 au 20 mars 1815, broch. in-8°.

Idem. du 3 juin au 8 juillet 1815, 1 v. in-8°, b.

1301. Histoire des sessions de 1815, 16 et 17, par M. Fiévée, 3 v. in-8°, b.

1302. Choix des discours prononcés dans la session de 1819, par les principaux orateurs de la Chambre des Députés, Paris, 1832, 1 v. in-8°, b.

1303. Petit almanach législatif ou la vérité en riant sur nos députés, Paris, 1820, 1 v. in-12, b.

1304. Annales du Parlement français, sessions de 1839 à 1845, 8 v. in-4°, b.

1305. Procès-verbaux de la Commission d'enquête électorale, 1846, 1 v. in-4°.

1306. 1° Du mariage de Napoléon II avec Marie-Louise-Charlotte, princesse d'Orléans, 1830, broch. in-12.

2° Lettre sur la session législative de 1831, par M. de Cormenin.

3° Rapport de M. Thiers à la Chambre des Députés, sur le budget des dépenses de 1832.

4° Les Sociétés secrètes jugées par Washington et le Congrès des Etats-Unis, extrait du *Journal de Paris,* 1835, broch. in-12.

5° Lettre de Jacques Bonsens l'Artésien, sur différents sujets à l'ordre du jour, qui intéressent tous les bons Français, publiée par quelques amis de leur pays, 1834, broch. in-12.

6° Réflexions sur l'appel à tous les patriotes, lassés du joug de l'absolutisme, Lille, 1834, broch. in-12.

7° La liste civile de la branche aînée dévoilée, 1837, broch. in-8°.

1307. 1° Analyse des votes des Conseils généraux, années 1838, 39 et 40, 3 v. in-8°.

2° Coup-d'œil sur les Conseils de Préfecture, par M. Billet, avocat,

Arras, 1834, broch. in-12.

1307 bis. 1° Coup-d'œil sur les rapports de la France avec l'Europe, par M. le duc de Valmy, député, 1844.

2° De l'intervention du pouvoir dans les élections, Paris, 1843, br. in-12.

1308. Considérations sur la liberté de la chasse, par Antonin Monmartin, 1844, 1 v. in-8°, b.

1309. 1° Procès à l'histoire. — Affaire du journal *La Tribune*, 11 avril 1832.

2° Procès du *Libéral du Nord*, novembre 1832.

3° Procès de l'*Echo du Nord* et du *Libéral*, novembre 1835.

4° Cour des Pairs, affaire d'août 1834.

5° Id. Rapport de M. de Bastard sur l'attentat Quenisset, du 13 septembre 1841.

6° Procès de Senneville. — Affaire de liberté des cultes, 1843.

1309 bis. Procès Teste et Cubières devant la Cour des Pairs, 5 v. in-8°, b.

1310. Constitution de 1848, 1 v. in-8, r.

1311. 1° Le budget mis à la portée de tous, par C.-F. laboureur et vigneron, Dijon, 1849, broch. in-12, g.

2° Petit almanach des pensées et maximes de Napoléon III, 1853, opusc. in-32.

1312. Œuvres de Napoléon III. — Les idées Napoléoniennes. — Extinction du paupérisme. — Question des sucres. — Recrutement de l'armée. — Du Passé et de l'Avenir de l'artillerie. — Mélanges. — Discours, Proclamations, Messages de 1848 à 1855. etc., Paris, Plon et Amyot, 1856, 4 v. in-8°, b., g.

1312 bis. Dix ans d'impérialisme en France, impressions d'un flaneur, Paris, 1863, 1 v. in-8°, b.

1313. 1° L'intervention à Naples; 2° le règne de Ferdinand II, par M. Alfred Franklin, 1856 et 1857, 2 broch. in-18.

3° La France, l'Empire et la Papauté, question de droit public, par

M. Villemain, 1860 ; 4° Discours de M. Billault, ministre, sur la question italienne, 1861 ; 5° Discours de M. Baroche, ministre, sur le traité de commerce, 1861 ; 6° Discussion au Sénat de la pétition relative aux associations religieuses du Nord, 1861 ; 7° Documents diplomatiques, Affaires étrangères, 1862 ; 8° Exposé de la situation de l'Empire, présenté aux Chambres, 1863 ; 9° Deux discours de M. Rouher, ministre, sur la Convention du 15 septembre 1844 (1865) ; 10° Discours de M. Billault, dans la discussion de la loi sur la presse, 1865 ; 11° Discours de M. Corta, sur le Mexique, 1865 ; 12° Rapport de M. le Conseiller d'Etat Langlais, sur le recours comme d'abus contre l'évêque de Moulins et le cardinal-archevêque de Besançon, 1865 ; 13° Discours de M. Rouher, ministre d'Etat, sur la Constitution, 1866 ; 14° Discours de M. Rouher, ministre d'Etat, sur la question romaine, 5 décembr 1867

ASSISTANCE PUBLIQUE.

1314. 1° Du paupérisme en France, par le prince de Monaco, Paris, 1840.

2° Du paupérisme, par M. Marchand, docteur en médecine, Paris, Guillaumin, 1845.

3° Du paupérisme dans les campagnes et des réformes que nécessite l'extinction de la mendicité, par M. le Dr Ledru, d'Avesnes-le-Comte, 1846.

4° Assistance publique. — Création d'hôpitaux — hospices régionaux, aliénation des biens des hospices et des communes, réponse à quelques objections, par M. Billet, avocat à Arras.

1315. Rapport au Ministre de l'intérieur sur différents hôpitaux, hospices, établissements et sociétés de bienfaisance de l'Italie, 1844, 1 v. in-8°, b.

1316. Discours sur cette question : Quelles sont les institutions de bienfaisance les plus favorables aux enfants-trouvés? par M. Labourt, de Doullens, 1845, broch. in-12.

1317. Le prêt de l'enfance au travail, par MM. Pinet et Brouard, inspecteurs de l'enseignement primaire, 1864, 1 v. in-32, r.

Nota. — Voir les ouvrages de M. le Dr Danvin, de Saint-Pol, aux nos 1083, 1084, 1085, 1087 et 1089 qui se trouvent à la section médecine.

CAISSES D'ÉPARGNE.

1318. Rapport au roi sur les caisses d'épargne, 1839, 1 v. in-8°, b.

1319. Procès-verbaux des délibérations de la Commission des caisses d'épargne, 1 v. in-8°, b.

1320. Rapport sur les opérations de la caisse d'épargne de Paris, 1844, 1 v. in-8°, b.

ENSEIGNEMENT PUBLIC.

1321. Guide des écoles primaires, 1834, 1 v. in-8°, b.

1322. De l'éducation et de l'instruction en France, par Napoléon Landais, Paris, 1839, 1 v. in-8°, b.

1323. Rapport au roi sur la situation de l'instruction primaire en France, en 1841 et en 1843, 2 v. in-8°, b.

1324. Rapport au roi sur l'instruction secondaire, 1843, 1 v. in-8°, b.

1325. Liberté de l'enseignement, examen par Mgr Parisis, évêque de Langres, 1843, 1 v. in-8°, b.

1326. Rapport de M. Thiers sur la liberté de l'enseignement, 13 juillet 1844, 1 v. in-8°, b.

1327. De la législation du monopole universitaire, par Lamache, 1844, 1 v. in-8°, b.

1328. Le budget de l'instruction publique depuis la fondation de l'Université, 1 v. in-18, b.

1329. L'école, par Jules Simon, 1865, 1 v. in-8°, b.

1330. Enseignement primaire des sourds-muets, par Pelissier, 1 v. in-18, b.

1331. Etat de l'instruction primaire, moyenne et supérieure, en Belgique, 1830 à 1842, 4 v. in-8°, b.

FINANCES ET CONTRIBUTIONS.

1332. Du projet de remboursement ou conversion des rentes, par Amand Seguin, 1824, 1 v. in-8° b.

1333. Réglement général de comptabilité publique, 1838, 1 v. in-8°.

1334. Questions de la juste répartition de l'impôt, Paris, 1845, 1 v. in-8°

1335. Tarif officiel des Douanes de France, 1844, 1 v. in-8°.

1336. Projets de lois sur les budgets de 1840, 1843, 1844, 9 v.

1337. Budgets du département de la Seine, pour 1840, 42, 45, 46 et 47, 5 v. in-8°.

1338. Comptes des recettes et des dépenses de l'exercice 1842, 1 v. in-8°.

1339. Compte du budget de la Seine, pour 1842, 43, 44 et 45, 4 v. in-8°.

1340. Budgets de la ville de Paris, pour 1841, 43, 45, 46 et 47, 5 v. in-8°.

1341. Compte du budget de la ville de Paris, pour 1843, 44 et 46, 3 v. in-8°.

MONOPOLE DU TABAC.

1342. Enquête sur les tabacs, Paris, 1837, 1 v. in-8°.

1343. Coup-d'œil sur le monopole des tabacs, par le Dr B. Danvin, de Saint-Pol, broch. in 12.

VOIES ET MOYENS DE COMMUNICATION.

1344. De l'institution comparée des postes en France et à l'étranger, et des innovations soumises par l'Administration à une Commission, par Jouhaud, avocat, 1844, broch. in-8°.

1345. Mémoire sur le système télégraphique de jour et de nuit, par Gonon, 1844, 1 v. in-8°.

1346. Police du roulage. — Recherche des principes d'une nouvelle législation, 1842, broch. in-4°.

1347. Mémoire sur le rouleau compressoir servant à l'entretien des chaussées, 1845, broch. in-8°.

1348. Rapport sur le tracé du chemin de fer du Nord, par M. le comte Daru, pair de France, 1844, 1 v. in-4°.

RÉGIME PÉNITENTIAIRE.

1349. Système pénitentiaire. — Des moyens de le généraliser en France, Paris, 1836, 1 v. in-12.

1350. Des moyens propres à généraliser en France le système pénitentiaire, par M. Bérenger, député, Valence, 1837, 1 v. in-8°.

1351. Examen du système pénitentiaire, par M. de Larochefoucault, Paris, Delaunay, 1840, 1 v. in-8°.

1352. Documents sur le système pénitentiaire, par M. de Larochefoucault, 1844, 1 v. in-8°.

1353. Mémoire sur la réforme des prisons, par M. Gleizes, 1840, broch. in-12.

1354. Instruction et programme pour la construction des maisons d'arrêt et de justice, et atlas de plans de prisons cellulaires, 1841, 1 v. in-f°.

1355. Des peines et des prisons, par le prince Oscar de Suède, Paris, 1842, 1 v. in-12.

1356. Rapport au Ministre de l'intérieur, par le Préfet de police, sur le pénitencier de la Seine, 1843, 1 v. in-4°.

1357. Etudes sur la mortalité dans les bagnes, etc., par M. Chassinat, Paris, 1844, broch. in-4°.

1358. Rapport de M. le comte de Montalivet, ministre de l'intérieur, en 1837, sur les pénitenciers des Etats-Unis, par MM. Démetz et Abel Blouet.

1359. Documents officiels sur le Pénitencier de Philadelphie, Paris, 1844, broch. in-8°.

1360. Rapport sur les prisons de l'Angleterre, de l'Ecosse, de la Hollande, de la Belgique et de la Suisse, 1 v.

1361. Rapport sur les prisons de l'Allemagne et de l'Italie, 1 v.

ABOLITION DE L'ESCLAVAGE.

1362. De l'affranchissement des esclaves et de ses rapports avec la politique actuelle, pour faire suite à *Esclavage et Traité*, par M. Agenor de Gasparin, Paris, Joubert, 1839, broch. in-8°.

1363. 1° Abolition de l'esclavage, délibération des conseils coloniaux, analysés par M. Jollivet, broch. in-12.

2° Abolition de l'esclavage, opinion de M. Jollivet, broch. in-12.

1364. Précis de l'abolition de l'esclavage dans les colonies anglaises, 1840, 41, 2 v. in-8°.

1365. Commission instituée pour l'examen des questions relatives à l'esclavage, 1842, 43, 4 v. in-8°.

1366. Travaux de la Commission instituée pour l'abolition de l'esclavage, 4 v.

1367. Avis du Conseil colonial de Bourbon, sur diverses propositions concernant l'esclavage, 1 v. in-8°.

1368. Avis du conseil colonial de la Martinique, de la Guadeloupe et de la Guyane française, sur le même sujet, 1 v. in-8°.

1369. Exposé général du patronage des esclaves dans les colonies françaises, Paris, 1844, 1 v. in-4°.

1370. Compte-rendu au roi sur le régime des esclaves, 1842, 1 v. in-8°.

STATISTIQUE GÉNÉRALE.

1371. Etat militaire de France pour l'année 1768, 1 v. in-8°, r.

id.	id.	1778,	id.
id.	id.	1780,	id.
id.	id.	1787,	id.

1372. Almanach royal de l'année 1788, 1 v. in-8°, r.

id.	id.	1789,	id.

1373. Etat militaire pour l'année 1843, id.

id.	id.	1845,	id.

1374. Dictionnaire général des communes de France et des principaux hameaux en dépendant, Paris, Smith, 1818, 1 v. in 8°, b.

1375. Documents statistiques sur la France, publiés par le ministère du commerce, 1835, 1 v. in-f°, b.

1376. Tableau général du commerce de la France avec ses colonies et les puissances étrangères, pendant les années 1834, 35, 37 à 47 inclus, 13 v. in-4°, b.

1377. Tableau décennal du commerce de la France avec ses colonies et les puissances étrangères, de 1827 à 1836 et de 1837 à 1843, 5 v. in-4°, b.

1378. Statistique de la France. — Administration publique, agriculture, commerce et industrie, de 1840 à 1847, 6 v. in-4°, b.

1379. Compte général des travaux du Conseil d'Etat et de ses Comités, pendant les années 1840 à 1844, 1 v. in-8°, b.

1380. Compte général de la justice civile et commerciale en France, pendant les années 1831 à 1846, 16 v. in-4°, b.

1381. Compte général de la justice criminelle en France pendant les années 1825, 1828 à 1846, 20 v. in-4°, b.

1382. Compte général de l'administration de la justice dans les colonies françaises, années 1837, 38, 39, 1 v. in-4°, b.

1383. Tableaux de population, de culture, de commerce et de navigation des colonies, 1838 à 1841, 4 v. in-4°, b.

1384. Tableaux statistiques sur les colonies françaises, 1837, 1 v. in-8°, b.

1385. Compte du matériel de la marine, pour 1840, 45, 46, 3 v. in-4°, b.

1386. Statistique des ports maritimes de commerce, 1842, 1 v. in-8°, b.

1387. Tableau général des mouvements de cabotage, pendant les années 1837 à 1847, 11 v. in-4°, b.

1388. Du budget de la marine et du contrôle des dépenses, par M. Lacoudray, 1845, 1 v. in-8°, b.

1389. Sur l'état de la population chevaline en France, par le lieutenant-général comte de Girardin, 1844, broch. in-8°.

1390. Charente-Inférieure. — Statistique de ce département, par M. Gautier, 1839, 1 v. in-4°, avec carte.

1391. Nord. — Calendrier général du gouvernement du Hainaut, de la Flandre et du Cambrésis, Lille, 1790, broch. in-18.

1392. Idem. pour l'année 1791, broch. in-18.

1393. Annuaire statistique du département du Nord, pour l'année 1829, 1 v. in-8°.

1394. Annuaire de la Cour royale de Douai, années 1823, 27, 28, 30, 31, 32, 34, 35, 36, 37, 38, 39, 12 v. in-18, b.

1395. Tableau récapitulatif des registres de l'état-civil du département du Nord, par M. Boussemart, précédé d'un Mémoire sur la tenue desdits registres, avant 1792, par M. Leglay, Lille, 1854, 1 v. in-12, b.

ADMINISTRATION DE L'ALGÉRIE.

1396. Tableau de la situation des établissements français dans l'Algérie, 1837 à 1846, 10 v. in-4°.

1397. Les moyens d'assurer la domination française en Algérie, par le général Létang, 1840, 1 v. in-8°.

1398. Projet de colonisation des provinces d'Oran et Constantine, par Lamoricière et Bedeau, 1843, 1 v. in-8°.

1399. Coup-d'œil sur l'administration française dans la province de Constantine, par un Constantinien, 1 v.

1400. Aperçus sur l'état actuel de l'Algérie. — Lettres d'un voyageur à son frère, Alger, 1844, 1 v. in-8°.

COLONIES.

1401. Notices statistiques sur les colonies françaises, imprimées par ordre de M. le vice-amiral de Rosamel, 1838, 2 v. in-8°, b.

1402. Parallèle entre les colonies françaises et les colonies anglaises, par M. Jollivet, broch. in-8°.

1403. Analyse des votes des conseils coloniaux, 1840, 1 v. in-8°.

1404. Question coloniale au point de vue industriel, par Paul Debrée,

1 v. in-8°.

1405. Les colonies et la métropole. — Le sucre exotique et le sucre indigène, par Thimothée Dehay, délégué du Pas-de-Calais, 1839, broch. in-8°.

1406. Le Canada, par Shéridan Hogan, 1855, broch. in-8°.

1407. Catalogue raisonné des produits Canadiens exposés en 1855, broch. in-18.

1408. Intérêts maritimes, 3ᵉ appel au bon sens des départements, par le baron Charles Dupin, 1843, broch. in-8°.

NAVIGATION.

1409. Nouveau traité de navigation, avec la théorie et la pratique du pilotage, etc., par Bouguer, Paris, 1753, 1 v. in-4°, r., avec planches.

1410. Dictionnaire de marine à voiles et à vapeur, par M. Jal, 1848-49, 2 v. in 4°, b., g.

1411. Mémoire sur les courants de la Manche, de la mer d'Allemagne et du canal de Saint-Georges, suivi de quelques documents sur la navigation, etc., par P. Monnier, Paris, imprimerie royale, 1835, broch. in-12.

Ecrits spéciaux au Pas-de-Calais.

1412. Etat chronologique et par extrait des principaux titres et pièces produits en l'instance pendante au Conseil de Sa Majesté par les officiers du Conseil provincial d'Artois contre les Etats de la même province, pour justifier qu'ils sont affranchis de toutes sortes d'impôts sur les boissons, pour eux et leur ménage, opusc. in-4°.

1413. Collection de brochures : 1° Du cadastre et de sa conservation. — Réflexions sur le rapport fait le 20 juillet 1837, par la Commission chargée d'examiner le mode à adopter pour la conservation du cadastre, par M. Billet, avocat à Arras, 1839, opusc. in-8°.

2° Considérations générales sur la contribution foncière et les améliorations dont sa sous-répartition est encore susceptible dans le département du Pas-de-Calais, par M. Billet, Arras, 1838, opusc. in-12.

3° Question relative à la jouissance de la vaine pâture dans le Pas-de-Calais et sur le partage des biens communaux, par M. Billet.

4° Biens communaux. — Jouissance des portions ménagères des marais dans la vallée de la Scarpe, par M. Billet.

5° Association de bienfaisance du Pas-de-Calais, par Auguste Wallart, de Fruges, 1848, broch. in-8°.

6° Observations sur le dessèchement projeté de la vallée de la Canche, entre Hesdin et Montreuil, par M. Billet, 1834, opusc. in-8°.

7° De la possibilité de diriger un canal par Saint-Pol, depuis Arras jusqu'à Boulogne, par M. Bornay, maire de Saint-Pol, Saint-Pol, imp. Massias, 1835, opusc. in-8°.

8° Rapport fait à l'Académie d'Arras, sur le projet de canal d'Arras à Boulogne, 1835, opusc. in-12.

9° Nouveau résumé des motifs exposés dans les différents Mémoires ou pétitions par lesquels un arrondissement communal a été sollicité pour la ville de Calais, 1837, opusc. in-8°.

10° Mémoire ayant pour objet la conduite et la distribution à domicile des eaux de la fontaine de Coquelle, dans la ville de Calais, 1834, opuc. in-4°.

1414. Chemin de fer par Saint-Pol, Hesdin et Montreuil, par M. le Dr B. Danvin, de Saint-Pol, Saint-Pol, imp. Massias, 1837, opusc. in-8°.

Chemin de fer d'Arras à Etaples, avec embranchements sur Béthune et Frévent; — Avant-projet et Mémoire, par M. Davaine, ingénieur en chef des ponts-et-chaussées, Arras, 1859, 2 v. in-8° ; — Délibération du Conseil municipal de Saint-Pol, 1850 ; — Rapport de M. Danvin, notaire, au Conseil municipal de Saint-Pol, 1853 ; — Rapport de M. Adam, à la Chambre de commerce de Boulogne, 1854 ; — Mémoire sommaire sur le tracé, par M. le Dr B. Danvin,.de Saint-Pol, 1864 ; — Lettre et Mémoire de M. le Dr B. Danvin, 1864.

Travail de M. le Baron de Fourment et autres, sur le projet de chemin de fer de Lille à Rouen, 1855.

Un mot sur le tracé du chemin de fer départemental, par M. le Dr Ledru, d'Avesnes-le-Comte, 1865.

1415. Dissolution de la Commission administrative de l'hospice de Saint-Pol, 1847, broch. par MM. Danvin, notaire et Genelle, avocat.

1416. Mémoire touchant la reconstruction de l'hôtel-de-ville de Saint-Pol, par M. Détape, maire, 1860 ; — Mémoire sur le projet d'aliénation du bois de la ville, par M. Détape, maire, 1861 ; — Protestation contre ce projet, par M. Danvin, notaire, 1861 ; — Protestation contre un article du *Courrier du Pas-de-Calais* et de l'*Abeille de la Ternoise*, sur le même sujet, par M. Danvin, notaire, 1861.

1417. Discours de M. Seiter, principal du collége de Saint-Pol, aux distributions de prix de 1833, 34 et 37, 3 opusc. in-12.

1418. Mémoire et pétition de la Compagnie des notaires de l'arrondissement de Saint-Pol, concernant les ventes de récoltes; — Délibération sur la création d'un septième canton à Frévent.

1419. Rapports et procès-verbaux de délibérations des sessions du Conseil général du Pas-de-Calais, de 1836 à 1867 inclus, 31 v. in-8°, b.

1420. Almanach d'Artois, pour 1756, 1772, 1776 et 1790, 4 v. in-32.

1421. Almanach départemental du Pas-de-Calais, pour l'an X, par Piquenard, Arras, an X, 1 v. in-12, b.

16.

1422. Almanach populaire du Pas de-Calais, pour 1835 et 1837, Arras, Jean Degeorge, 2 v. in-12, b.

1423. Almanach de la ville et du canton de Calais, pour 1845 et 1847, 2 v. in-12, b.

1424. Annuaire historique et statistique du département du Pas-de-Calais, publié à Arras, pour les années 1805, 1806, 1807, 1810, 14, 16, 20, 21, 23, 28, 10 vol. in-8°, cartonnés.

1425. Annuaire du commerce, des arts et métiers du Pas-de-Calais, pour les années 1830 et 31, Arras, chez l'auteur Bernard, 1 v. in-12, b.

1426. Annuaire du Pas-de-Calais, par M. Parenty, conseiller de préfecture, pour les années 1852 à 1867, 16 v. in-8°, b.

1427. Journal du Pas-de-Calais, imprimerie de Leducq, à Arras, années 1816, 17, 18, 19, 4 v. in-4°, r.

1428. Journal le *Progrès du Pas-de-Calais*, années 1835 à 1842, 8 années incomplètes et non reliées.

1429. Journal de l'arrondissement de Saint-Pol, imprimé chez Souqûet, à Arras, 1re année, mai à décembre 1817, et partie de la 2e année.

1430. Journal de Saint-Pol de 1830 à 1841, édité par M. Massias, imprimeur à Saint-Pol, années 1830 à 1841, 5 v. in-8°, r.

1431. L'*Abeille de la Ternoise*, journal de l'arrondissement de Saint-Pol, édité par M. Thomas, successeur de M. Massias, années 1842, 43, 44 et 45, 2 v. in-4°, r.

1432. Considérations sur la convenance de la création d'un asile central d'aliénés dans le Pas-de-Calais, et de son établissement près la ville de Saint-Pol, par le Dr B. Danvin, Saint-Pol, imprimerie Thomas, 1841, broch. in-8°.

1433. Manufacture de Saint-Pol, — 16 août 1781 et 20 novembre 1783, Réglements de MM. les Députés généraux et ordinaires des Etats d'Artois, concernant la manufacture en laine établie en la ville de Saint-Pol, sous la protection desdits Etats.

MATHÉMATIQUES.

1434. Matériaux pour servir à l'histoire comparée des sciences mathématiques, chez les Grecs et les Orientaux, par Sébillot, Paris, Didot, 1849, 2 v. in-8°, g..

1435. Cent questions ingénieuses et récréatives pour délecter et aiguiser l'entendement, de feu V. Menher, amplifiées par les raisons géométriques requises à icelles, par Michel Coignet, Anvers, 1573, 1 v. in-8°.

1436. Invention nouvelle et admirable pour faire toutes sortes de comptes, par Le Monteregal, Rouen, Ferrand, 1648, 1 v. in-24.

1437. L'arithmétique, arpentage universel et géométrie inaccessible, par Jean Abraham, Paris, 1665, 1 v. in-12.

1438. Traité des mathématiques ou le parfait dessineur, par le Dr Lesoing de Bellevue, académicien, inspecteur et dessineur de la ville et citadelle de Lille, manuscrit en date de 1694, 1 v. in-12, b.

1439. Nouveaux éléments de géométrie, continués par Hacquet, prêtre, Rouen, Besongne, 1714, 1 v. in-12.

1440. L'arithmétique ou sa perfection mise en pratique, à l'usage des financiers et négociants, par Legendre, Paris, Savoye, 1754, 1 v. in-12.

1441. Eléments d'arithmétique, d'algèbre et de géométrie, par Mazéas, Paris, 1758, 1 v. in-8°, avec 6 planches.

1442. Leçons de calcul différentiel et de calcul intégral, par M. Cousin, avec planches, Paris, Jombert, 1777, 2 v. in-8°.

1443. Géométrie souterraine, élémentaire, théorique et pratique, avec figures, par Duhamel, Paris, 1787, 1 v. in-4°, incomplet.

1444. Le livre des comptes faits, par Barême, Paris, Lib. associés, 1789, 1 v. in-12.

1445. Cours de mathématiques, par l'abbé Bossut, Paris, Jombert, 1782, 1 v. in-8°.

1446. Eléments d'algèbre, par Lacroix, Paris, 1818, 1 v. in-8°, b.

1447. Cours de mathématiques, par Bezout et Reuaut. — Algèbre et géométrie, Paris, 1822, 2 v. in-8°.

1448. Leçons d'algèbre, par Lefébure de Fourcy, Paris, 1835, 2ᵉ édition, 1 v. in-8°.

1449. Traité de géométrie descriptive, par Lefébure de Fourcy, Paris, 1834, 2ᵉ édition, 2 v. in-8°.

1450. Eléments de géométrie, par Legendre, Paris, 1823, 1 v. in-8°.

1451. Epures de géométrie descriptive, broch. in-8°.

1452. Trigonométrie analytique et théorie des Logarithmes, Paris, Carrier, an XII (1805), 1 v. in-12, avec plusieurs planches.

1453. Application de l'algèbre à la géométrie, par Poullet-Delisle, Paris, 1809, 1 v. in-8°, r.

1454. Manuel d'application mathématique, par Richard, Paris, 1828, Roret, 1 v. in-12, avec planches.

1455. Tables de logarithmes, par Jérôme de Lalande, 1832, 1 v. in-8°.

1456. Rapport historique sur les progrès des sciences mathématiques depuis 1789, et sur leur état actuel, présenté à l'Empereur, le 6 février 1808 par la classe des sciences physiques et mathématiques de l'Institut, rédigé par M. Delambre, Paris, imprimerie impériale, 1810, 1 v. in-8°.

1457. Instruction sur les mesures déduites de la grandeur de la terre et sur les calculs relatifs à leur division décimale, par la Commission temporaire des poids et mesures républicaines, Arras, an II, édition originale, 1 v. in-8°.

SCIENCES OCCULTES.

Alchimie, Magie, Sorcellerie, Superstitions, etc.

1458. L'alchimie et les alchimistes, par Louis Figuier, 1855, 1 v. in-12, b.

1459. Testament de Jérôme Sharp, pour servir de complément à la magie blanche dévoilée, par Decremps, Paris, 1789, 3° v. in-8°. b. (incomplet).

1460. Chiromancie naturelle de Romphile, Paris, 1665, 1 v. in-16, b., avec plusieurs planches.

1461. Lettres de M. de Saint-André sur la magie, les maléfices et les sorciers, Paris, 1725, 1 v. in-12, r.

1462. Recueil de dissertations anciennes et nouvelles sur les apparitions, les visions et les songes, par M. l'abbé Lenglet-Dufresnoy, Paris et Avignon, 1751, 4 v. in-8°, r.

1463. Maléfices des chevaux, 2 v. in-8°, b.

1464. Prophéties générales et curieuses pour la période de 1782 à 1789, tirées des anciens manuscrits de Nostradamus, opusc. de 30 pages.

1465. Le Tornoiement de l'antechrist, par Huon, de Méry-sur-Seine, Reims, 1851, 1 v. in-8°, b., g.

1465 bis. Vie de Merlin, attribuée à Geoffroy de Monmouth, suivie des prophéties de ce barde, tirées du 4e livre de l'histoire des Bretons, publiées d'après les manuscrits de Londres, par Francisque Michel et Thomas Wright (textes français, latin et anglais), Paris, Didot, 1837, 1 v. in-8°, b.

MYTHOLOGIE.

1466. Eléments de mythologie, avec un grand nombre de gravures, 1 v. in-12.

1467. Dictionnaire mytho-hermétique, par Dom. Pernety, Paris, 1785, 1 v. in-12, r.

1468. Histoire poétique pour l'intelligence des poëtes et des auteurs anciens, 1 v. in-12, r.

1469. Dictionnaire abrégé de la fable, par Chompré, Paris, 1756, 1 v. in-8°, r.

1470. Même ouvrage, édition de 1821, 1 v. in-32, b.

1471. Recherches sur le culte de Bacchus, par Rolle, Paris, 3 v. in-8°, b., g.

1472. Recherches sur le culte public de Mithra, en Orient et en Occident, par M. Félix Lajard, de l'Institut, 1847, atlas de 107 planches, g. (manque les 2 vol. de texte in-4°, publiés en 1848, non envoyés avec l'atlas).

BEAUX-ARTS

ET ARTS D'AGRÉMENT.

1473. L'art considéré comme le symbole de l'état social, ou tableau historique et synoptique du développement des beaux-arts en France, par Louis Dussieux. Paris, Durand, 1838, 1 v. in-8°, b., g.

1474. Histoire de l'architecture religieuse, civile et militaire au moyen-âge, par M. de Caumont, Paris, Derache, 1837, 2 v. in-8°, avec atlas, b., g.

1475. Manuel de l'histoire générale de l'architecture, par Daniel Ramée, Paris, Paulin, 1843, 2 v. in-12, b., g.

1476. Architecture civile et domestique au moyen-âge et à la renaissance, par MM. Verdier et Cattois, 1855-57, 2 v. in-4°, b., g.

1477. Entretiens sur l'architecture, par M. Viollet-Leduc, architecte du Gouvernement, 1863, in-4°, 1 v. et l'atlas, b., g.

1478. Revue des architectes de la cathédrale de Rouen, jusqu'à la fin du XVIᵉ siècle, par M. A. Deville. Rouen, 1848, 1 v. in-8°, b.

1479. Galerie de la statuaire antique et moderne, reproduction mathématique (moitié dimension), des chefs-d'œuvre du Musée impérial du Louvre, par les procédés mécaniques de Sauvage, broch. in-4°, g.

1480. Mémoires pour servir à l'histoire de l'Académie de peinture et de sculpture, depuis 1648 jusqu'en 1664, publiés pour la première fois, par M. Anatole de Montaiglon, Paris, Jeannet, 1853, 2 v. in-18, b., g.

1481. Grammaire des arts du dessin, architecture, sculpture, peinture, par M. Charles Blanc, ancien directeur des Beaux-Arts, Paris, Renouard, 1867, 1 v. in-4°, b., g.

1482. Esthétique générale et appliquée contenant les règles de la composition dans les arts plastiques, par David Sutter, Paris, imprimerie impériale, 1865, 1 v. in-4°, b., g.

1483. Les monuments de l'histoire de France, catalogue des productions de la sculpture, de la peinture et de la gravure, relatives à l'histoire de France et des Français, par M. Hennin, Paris, Delion, 1856-1863, 10 v. in-8°, b., *g.* (ouvrage s'arrètant à 1610, fin du règne de Henri IV).

1484. L'art chrétien, par A.-F. Rio, Paris, Hachette, 1861, 4 v. in-8°, b., *g.*

1485. Histoire de la peinture flamande, depuis ses débuts jusqu'en 1864, par Alfred Michiels, 2° édition, Paris, 1867, en 6 vol. in-8°, dont 4 parus, b., *g.*

1486. Iconographie chrétienne, histoire de Dieu par les figures sculptées, gravées et peintes dans les cathédrales et les églises, ouvrage de M. Didron, secrétaire du Comité historique des arts et monuments, Paris, imprimerie royale, 1843, 1 v. in-4°, b., *g.*

1487. Muséum sacré, stations pittoresques d'un artiste dans une cathédrale gothique (église de Sainte-Marie, cathédrale d'Auch), 1 v. in-f°, r., *g.*

1488. Les églises gothiques, Paris, Augé et C°, 1837, 1 v. in-12, b., *g.*

1489. Galeries publiques de l'Europe, Rome en quatre parties, 3 v. in-4°, réunis, r., *g.*

1490. L'Ascension de N. S. J. C., du Pérugin, 1 v. in-f°, *g.*

1491. L'acropole d'Athènes, par M. Beulé, ancien membre de l'Institut, Paris, 1854, 2 v. in-8°, b., *g.*

1492. Etudes sur les Beaux-Arts, par M. de Mercey, Paris, Bertrand, 3 v. in-8°, b., *g.*

1493. Documents officiels sur la réorganisation de l'école des Beaux-Arts, 1 v. in-8°, b., *g.*

1494. Réponse à M. Vitet, à propos de l'enseignement des arts du dessin, par M. Viollet-Leduc, Paris, 1864, 1 v. in-8°, b., *g.*

1495. De la lumière et de la couleur chez les grands maîtres anciens, par Regnier, Paris, 1865, 1 v. in-8°, b., *g.*

1496. Supplément au Catalogue des artistes de l'antiquité grecque et romaine. — Lettre à M. Schorn, par M. Raoul Rochette, de l'Institut, Paris, 1845, 1 v. in-8°, b., *g.*

1497. Album de sujets rustiques, d'après Ch. Jacque et Adrien La-vielle, représentant les 12 mois de l'année, 1 v. in-4°, b., g.

1498. Souvenirs de France. — Vues, monuments et costumes, par Adolphe d'Hastrel, 1851, 1 v. in-4°, b., g.

1499. Portraits des personnages français les plus célèbres du XVI° siècle, en 4 parties, 2 v. parus, in-f°, b., g.

1500. Le touriste Pyrénéen, en 50 gravures, 1 v. in-f°, b., g.

1501. Gravure à la mémoire de M. de Vergennes, ministre du roi Louis XVI.

1502. Biographie et Catalogue de l'œuvre du graveur Miger, membre de l'Académie de peinture et de sculpture, par M. Emile Bellier de la Chavignerie, Paris, 1856, 1 v. in-8°, b., g.

1503. Catalogue des objets d'art exposés au musée de Rouen, 1837, 1 v. in-18, b.

1504. Exposition universelle de 1855. — Beaux-Arts, par M. de La-vergne, 1 v. in-8°, b., g.

1505. Les Expositions de Paris (salon de 1857), 50 planches gravées et lithographiées, texte par M. Th. Gautier, 1859, 1 v. in-f°, b., g.

1506. Trésors d'art exposés à Manchester en 1857, par Burger, Paris, 1857, 1 v. in-12, b., g.

1507. Exposition des beaux-arts, salon de 1864, par Louis Auvray, statuaire, Paris, 1865, 1 v. in-8°, b., g.

1508. Travaux d'Hercule, composés par F. Poussin, pour la grande galerie du Louvre, 1 v, in-f°, b., g.

1509. Portraits inédits d'artistes français, texte par Ph. de Chenne-vières, lithographies et gravures, par Frédéric Legrip, en cours de publi-cation, b., g.

1510. Vue perspective de la réunion des palais du Louvre et des Tuileries, 2 planches et une feuille de texte, in-f°, g.

1511. Cours de dessin sans maître, d'après la méthode de Mᵐᵉ Cavé, 1ʳᵉ, 2ᵉ et 3ᵉ séries, 1 v. in-f°, b., g., plus 2 vol. in-12 de texte, 1850.

1512. Traité de la miniature, Paris, 1766, 1 v. in-12, r.

1513. Manuel de perspective, du dessinateur et du peintre, par Vergnaud, Paris, 1826, 1 v. in-18, b.

1514. Art du peintre doreur et vernisseur, par Prévost de Saint-Lucien, sous le nom de Wattin, Paris, 1785, 1 v. in-8°, r.

1515. Même ouvrage, 6ᵉ édition, 1808, 1 v. in-8°, r.

1516. Traité des vernis, Paris, 1733, 1 v. in-12, r.

1517. Traité de peinture, manuscrit in-8°, b., non-daté.

1518. Rapport fait par M. Dreuille, sur le traité complet de la peinture de M. de Montabert, Paris, 1841, broch. in-12, g.

1519. Rembrandt (paysages), reproduit à l'eau forte, par Louis Marvy, 50 planches en cours de publication, g.

1520. Œuvre de Rembrandt, reproduit par la photographie, décrit et commenté par Charles Blanc, 1 v. in-f°, g.

1521. Vue de la galerie de peinture d'Annibal Carrache, au palais de Farnèse, à Rome, reproduction par la photographie en 6 tableaux, 1 vol. in-f°.

1522. La photographie, par MM. Mayer et Pierson, photographes de l'Empereur, Paris, 1862, 1 v. in-12, r.

1523. Théorie complète du chant, par M. Stephen de la Madelaine, ouvrage approuvé par l'Institut de France et le Conservatoire de musique, Paris, Amyot, 1 v. in-12, b., g.

1524. Dictionnaire liturgique, historique et théorique de plain-chant et de musique d'église au moyen-âge et dans le temps modernes, par M. d'Ortigue, Paris, 1854, 1 v. in-4°, b., g.

1525. Eucologe en musique à l'usage des colléges et des communautés, ou choix des plus beaux plain-chants de la liturgie ecclésiastique, par M. Félix Clément, maître de chapelle, Paris, 1849, 1 v. in-18, b., g.

1526. Résumé des opinions de la presse sur le *Stabat* de Rossini, exécuté pour la première fois en public, le 7 janvier 1842, Paris, 1842, broch. in-12, g.

1527. Etude sur le quatuor. — Haydn, Mozart, Bethoveen, par Eugène Sauzay, professeur au Conservatoire de Musique, 1861, 1 v. in-8°, b., g.

1528. L'art de chanter les romances, par Romagnesi, Paris, 1846, 1 v. in-4°, b., g.

1529. Richard-cœur-de-Lion, opéra complet, dialogué, 1 v. gr. in-8°, r.

1530. Explication de la danse des morts de la Chaise-Dieu, fresque inédite du XV° siècle, précédée de quelques détails sur les autres monuments de ce genre, par Achille Jubinal, Paris, 1841, broch. in-4°, g.

1531. Rapport sur l'Opéra, suivi de réflexions sur les théâtres, par Leroux, Paris, 1791, 1 v. in-8°, r.

1532. Voir la collection de l'artiste, revue de Paris, à la section de Polygraphie.

ARTS INDUSTRIELS.

1533. Journal des connaissances indispensables aux industriels, manufacturiers, commerçants, etc., publié par un Société de savants, sous la direction de M. Chevalier, Paris, Béchet, 1839, 1re année, 1 v. in-8°, b.

1534. Manuel de mécanique, par Terquem, Paris, Roret, 1828, 1 v. in-12, b.

1535. Instruction sur l'usage des moulins à bras, par Charlemagne, Paris, 1796, 1 v. in-8°, r.

1536. L'art de tourner, en latin avec le français en regard, par C. Plumier, Lyon, 1601, 1 v. in-f°, r., avec une foule de planches gravées en taille douce.

1537. Traité du parage et du tissage mécanique du coton, par Bedel et Bourcart, Mulhouse, 1846, 1 v. in-8°, b., g.

1538. Traité de la filature du lin et du chanvre, par Coquelin, Paris, 1846, 1 v. in-8°, b., g.

1539. Traité complet de la filature du lin et du coton, par M. Alcan, Paris, 1865, 1 v. in-8°, et atlas, b., g.

1540. Recueil des procédés sur les teintures solides, par Dambourney, négociant, Paris, 1786, 1 v. in-8°, r.

1541. Cours théorique et pratique sur la teinture, 1799, 1 v. in-12, r.

1542. Epreuves des caractères d'imprimerie, de Joseph Gillé, 1773, 1 v. in-8°, r.

1543. Notice sur l'origine de l'imprimerie, précédant le spécimen des caractères qui composent l'imprimerie de Lesne-Daloin, Cambrai, 1834, chez l'auteur, 1 v. in-4°, r.

1544. Nouvelle sténographie d'Astier, Paris, 1831, 1 v. in-8°, r.

ART MILITAIRE.

1545. Eléments de fortification, par Leblond, Paris, Jombert, 1756, 1 v. in-12, avec 19 planches gravées.

1546. Institution militaire pour la cavalerie et les dragons, par de La Porterie, Paris, Guillyet, 1754, 1 v. in-8°, avec 11 planches.

1547. Maximes de la guerre, suivi d'un traité de fortification, par D'Aigremont, Paris, Loison, 1652, 1 v. in-8°.

1548. Mémoires sur la guerre, recueillis par feu M. le marquis de Feuquières, lieutenant-général des armées du roi, Amsterdam, Bernard, 1734, 1 v. in-12.

1549. Sixième abrégé de la carte générale du militaire de France, sur terre et sur mer, jusqu'en décembre 1739, Paris, 1740, 1 v. in-8°.

1550. Cours élémentaire de fortification, par Savart, Paris, 1825, 1 v. in-8°.

1551. Essai sur la discipline et la hiérarchie militaire dans les régiments, 1790, 1 v. in-8°.

1552. Aide-mémoire portatif, à l'usage des officiers d'artillerie, 1831, 1 v. in-18.

1553. Manuel d'administration et de comptabilité militaires, par le colonel Husson, 1836, 1 v. in-32.

1554. Revue de l'ordonnance du 4 mars 1831, sur l'exercice et les manœuvres de l'infanterie, par Napoléon Héroguelle, lieutenant au 65e de ligne, Angoulême, 1844, 1 v. in-4°.

1555. Cours de fortification permanente, par Lesage, 1 v. in-4°.

1556. La Sentinelle, journal des intérêts de l'armée, 1839 à 1845, 7 années.

1557. Le Spectateur militaire, livraisons d'avril 1839 à septembre 1846, 8 années.

1558. Rectification à faire à l'essai de règlement sur les travaux de sape, d'après le manuel pratique du sapeur, 1 v.

1559. De la cavalerie française et de la nécessité d'y adjoindre des irréguliers en temps de guerre, par le général Letang, 1 v. in-8°.

1560. Puissance militaire des Etats-Unis, d'après la guerre de la sécession, 1861-1865, par Vigo Roussillon, Paris, Dumaine, 1866, 1 v. in-8°, b., g.

1561. Construction d'un pont de chevalets au moyen de longunes horizontales, manuscrit lithographié, in-8°.

1562. Traité des fortifications, manuscrit in-8°, en caractères du dix-septième siècle, avec dessins et plans.

BELLES-LETTRES.

GRAMMAIRE GÉNÉRALE. — LINGUISTIQUE. — PHILOLOGIE.

Langue Française.

1563. Traité de l'orthographe française, par Restaut, Poitiers, 1765, 1 v. in-8°, r.

1564. Principes raisonnés de la grammaire française, par Restaut, Paris, 1780, 1 v. in-8°, b.

1565. Même ouvrage, édition de 1737, 1 v. in-8°, r.

1566. Principes généraux et particuliers de la langue française, par M. de Wailly, Paris, 1768, 1 v. in-8°, r.

1537. Grammaire française, par M. Hellemans, ancien maire de Saint-Omer, né à Saint-Pol le 11 septembre 1753, 1 v. in-8°, b.

1568. Le Manuel des grammairiens, divisé en trois parties, Paris, Brocas et Humblot, 1763, 1 v, in-12, r.

1569. Le Manuel des grammairiens, Paris, Barbou, 1763, 1 v.in-12, r.

1570. Grammaire de l'adolescence, exposition des principes généraux de la langue française, 1 v. in-12, r. (le titre manque).

1571. Nouvelle grammaire française, par H. Lemaire, Saint-Pol, Massias, 1825, 1 v. in-12, b.

1572. Eléments de la langue française, Saint-Omer, 1810, 1 v. in-12, r.

1573. De l'art de parler, Paris, 1674, 1 v. in-12, r.

1574. Même ouvrage, Paris, 1676, 1 v. in-12, r.

1575. Glossaire français, de Ducange, 1850, 1 v. in-4°, r., g. (7e vol. du Glossaire général).

1576. Le grand vocabulaire français, par une Société de gens de lettres, Paris, Panckoucke, 1767, 30 v. grand in-8°, r.

1577. Dictionnaire portatif de la langue française, par Richelet, revu par Wailly, Lyon, 1775, 2 v. in-12, r.

1578. Dictionnaire grammatical de la langue française, Paris, 1788, 2 v. grand in-8°, r.

1579. Vocabulaire de la langue française, sur deux colonnes, Paris, 1827, 1 v. in-8°, r.

1580. Dictionnaire des dictionnaires français, par Napoléon Landais, Paris, 1834, 2 v. in-4°, r.

1581. Synonymes français, par l'abbé Gérard, nouvelle édition, augmentée de la prosodie française, par M. l'abbé Dollivet, et d'une dissertation sur la même prosodie, par M. Durand, Amsterdam, 1765, 1 v. in-12, r.

1582. Dictionnaire des synonymes français, Paris, 1768, 1 v. in-18, r.

1583. Dictionnaire des synonymes de la langue française, par Lafaye, Paris, 1858, 1 v. in-4°, r., a.

1584. Dictionnaire de la langue française, par M. Littré, de l'Institut, Paris, 1863 à 1868, 2 v. en 4 tomes, r., in-4°, a.

1585. La précellence du langage français, nouvelle édition, accompagnée d'une étude sur l'auteur Henri Estienne, et de notes philologiques et littéraires, par Léon Feugère, Paris, Delalain, 1850, 1 v. in-12, r., g.

1586. Glossaire nautique, par Jal, 1 fort v. in-4°, b., g.

1587. Remarques sur le patois, suivi d'un vocabulaire latin-français, du XIVe siècle, avec gloses et notes explicatives, pour servir à l'histoire des mots de la langue française, par Escallier, Douai, 1856, 1 v. in-8°, b.

1588. Dictionnaire de l'Académie française, 4e édition, Paris, 1762, 2 v. in-f°, r.

Langue Latine.

1589. Glossaire de Ducange, en 7 v. in-4°, r., g., édition publiée de 1840 à 1850.

1590. Apparat de la langue latine, par Alexandre Scot-Scoto, Paris,

1632, 1 v. in-4°, r.

1591. Gradus ad Parnassum, par Noël, Paris, 1823, 1 v. gr. in-8°, r.

1592. Dictionnaire latin-français, par Noël, Paris, 1822, 1 v. gr. in-8°, r.

1593. Dictionnaire latin-français, rédigé sur un nouveau plan, où sont coordonnés, révisés et complétés les travaux de Robert Estienne, de Gesner, de Scheller, de Forcellini et de Freund, et contenant plus de 1500 mots qu'on ne trouve dans aucun lexique publié jusqu'à ce jour, par MM. Quicherat et Daveluy, avec un vocabulaire des noms géographiques, mythologiques et historiques, par M. Quicherat, 21e tirage, Paris, Hachette, 1867, 1 v. in-8°, r., a.

1594. Dictionnaire français-latin, composé sur le plan du dictionnaire latin-français, et tiré des auteurs classiques latins pour la langue commune, des auteurs spéciaux pour la langue technique, des Pères de l'Eglise pour la langue sacrée, et du Glossaire de Ducange, pour la langue du moyen-âge, par L. Quicherat, 12e tirage, Paris, Hachette, 1867, 1 v. in-8°, r., a.

Langue Grecque.

1595. Rudiment de la langue grecque, 1 v.

1596. Le trésor des trois langues latine, française et grecque, par Jean Gaudin, Paris, 1710, 1 v. in-4°, r.

1597. Trésor de la langue grecque, par Henri Estienne, édition en 9 forts vol. in-8°, publiée par Firmin Didot, et terminée en 1865, g.

1598. Lexique grec, par Scarlatus de Bizance, Athènes, 1852, 1 v. in-4°, b., g.

1599. Lexique grec-français, par Bizautios et Coromilas, Athènes, 1846, 1 v. in-4°, b., g.

1600. Dictionnaire français-grec, ouvrage neuf et complet, dans lequel on a ajouté à la nomenclature académique tous les termes de science et d'art dérivés du grec, les noms géographiques, mythologiques et historiques, par M. Courtaud-Divernéresse, doyen de la faculté des lettres, Paris, 1859, 1 v. in-4°, r., a.

Langue Anglaise.

1601. Grand dictionnaire anglais-français, par Fleming et Tibbins, Paris, Firmin Didot, 1867, 1 fort vol. in-4°, b., a.

1602. Grand dictionnaire français-anglais, par les mêmes auteurs, Paris, Firmin Didot, 1860, 1 fort vol. in-4°, b., a.

Langue Allemande.

1603. Grammaire allemande, par Gottsched, Strasbourg, 1758, 1 v. in-8°, r.

1604. Choix d'entretiens allemands et français, précédé d'un recueil des mots les plus nécessaires, par l'abbé Mozin, pouvant servir de livre élémentaire pour apprendre l'une ou l'autre des deux langues, Stuttgard, 1813, 1 v. in-8°, r.

1605. Dictionnaire français-allemand et allemand-français, 1804, 2 v. in-8°, r.

1606. Nouveau dictionnaire de poche, français-allemand et allemand-français, Strasbourg, 1820, 2 v. in-12, r.

1607. Nouveau dictionnaire allemand-français et français-allemand, par M. le Dr Schuster, revu pour le français par M. Regnier, de l'Institut, Paris, Hingray, 1859, 2 v. in-8°, b., a.

Langue Italienne.

1608. Grammaire française et italienne, de Veneroni, 1774, 1 v. in-12, r.

1609. Dictionnaire de poche français-italien, par Joseph Martinelli, Paris, Bossange, 1807, 1 v. in-18, r.

Langue Espagnole.

1610. Le trésor des deux langues espagnole et française, de César Oudin, corrigé et réduit en meilleur ordre, par A. Oudin, Paris, 1645, 1 v. in-4°, r.

Autres Langues.

1611. Grammaire arménienne, 1 v. in-8°, r.

1612. Grammaire siamoise, par Mgr l'évêque Pallegoix, Bankok, 1850, 1 v. in-4°, b., g.

1613. Dictionnaire égyptien, en écriture hiéroglyphique, par M. Champollion, jeune, Paris, Didot, 1844, 4 v. in-4°, r., g.

RHÉTORIQUE.

1614. Idée générale des études, etc., Amsterdam, 1713, sans nom d'auteur, 1 v. in-12, r.

1615. L'art du rhéteur, en latin, par Martin du Cygne, né à Saint-Omer, Douai, 1750, 1 v. in-12, r.

1616. Candidatus Rhetoricœ du Père Pomey, par J. Juvency, Paris, 1742, 1 v. in-12, r.

1617. Le guide des humanistes, par l'abbé Tuet, Paris, 1813, 1 v. in-12, r.

1618. Traité des études, par Rollin, Paris, 1821, édition stéréotype, 4 v. in-12, r.

1619. Préceptes de rhétorique, par Girard, 1828, 1 v. in-12, r.

1620. Rhétorique française, par M. Crevier, Lyon, 1805, 2 v. in-12, b.

1621. La rhétorique, par le R. P. Lamy, 1715, 2 v. in-12, r.

1622. Eléments de rhétorique, par François Pomey, 1 v. in-12.

1623. Des tropes et de la construction oratoire, par Dumarsais et Lebatteur, Alais, 1823, 1 v. in-12, r.

1624. Manuel classique pour l'étude des tropes, par Fontanier, Paris, 1822, 1 v. in-12, b.

1625. Même ouvrage, édition de 1825, 1 v. in-12, b.

1626. Prosodie latine à l'usage de la jeunesse, par M. Le Chevalier, Paris, 1828, 1 v. in-12, r.

1627. Nouveau dictionnaire de la versification et poésie latines, Gradus ad Parnassum, par Alfred de Wailly, Paris, Guyot et Scribe, 1836, 1 v. in-4°, b.

1628. Traité élémentaire de la poétique, par Legeay, 1805, 1 v. in-12, r.

LITTÉRATURE.

POÉSIE NARRATIVE, DRAMATIQUE, DIDACTIQUE, DESCRIPTIVE et LYRIQUE.

Poëtes de l'Antiquité.

1629. L'Iliade d'Homère, traduite en vers français, par Biguan, Paris, 1830, 2 v. in-8°, b.

1630. La Grèce tragique, chefs-d'œuvre d'Eschyle, Sophocle et Euripide, traduits en vers français, par M. Léon Halevy, Paris, Labitte, 1846, 1 v. in-8°, b., g.

1631. Odes d'Anacréon, avec traduction, édition polyglotte, publiée sous la direction de J.-B. Monfalcon, Paris, 1835, 1 v. in-4°, r.

1632. Œuvres d'Horace, avec la traduction en regard, par Binet, Paris, 1823, 2 v. in-12, r.

1633. Satires, épitres et art poétique d'Horace avec la traduction en regard, Paris, 1750, 1 v. in-12.

1634. Œuvres d'Horace, en latin, Douai, 1617, 1 v. in-18, r.

1635. Les poésies d'Horace, en latin, avec la traduction en français, par Sanadon, 1 v. in-32, r.

1636. Satyres de Juvenal, en latin, Amsterdam, 1671, édition des Elzévirs, 1 v. in-18, r.

1637. Même ouvrage, Rouen, 1747, 1 v. in-12, r.

1638. Satyres de Juvenal et d'Aulus Persius Flaccus, avec notes et commentaires, par Cornelius Schrevelius, en latin, Lyon, 1748, 1 v. in-8°, r.

1639. Lucrèce. — De la nature des choses, poème latin, collection de Lemaire, Paris, 1838, 2 v. in-8°, b., g.

1640. Les tristes d'Ovide, avec notes et commentaires, en latin,

Douai, 1781, 1 v. in-12, r.

1641. Les métamorphoses d'Ovide, corrigées d'une foule de fautes, à l'aide de vieux exemplaires, avec les annotations d'Henri Glareau, en latin, Anvers, 1539, 1 v. in-12, r.

1642. Même ouvrage, livre XV, Rouen, 1736, 1 v. in-12, r.

1643. Les fables de Phèdre, en vers latins, avec la traduction en regard, Paris, 1758, 1 v. in 8°, r.

1644. Comédies de Térence, traduites en français avec le latin en regard, Paris, 1669, 1 v. in-12, r.

1645. Comédies de Térence, en latin, avec des notes, Paris, 1763, 1 v. in-12, r.

1646. Traduction de l'Enéïde de Virgile, en vers français, par Segrais, Paris, 1681, 2 v. in-4°, r.

1647. Œuvres complètes de Virgile, éditées par Pulman, Amsterdam, 1634, 1 v. in-18, r.

1648. Les Géorgiques de Virgile, traduites en vers français, par Jacques Delille, avec notes et variantes, Paris, 1809, 1 v. in-12, r.

1649. L'Enéïde de Virgile, traduite en vers français, par Clément Marot, 1 v. in-18, r., le titre manque.

1650. Les Bucoliques de Virgile, traduites en vers français, par M. Achille Deville, Rouen, 1828, v. in-8°, b.

Nota. — Voir pour complément de cette section, la collection des auteurs latins et des auteurs grecs, au chapitre Polygraphie.

ERE MODERNE.

Poëtes Étrangers.

1651. Œuvres de lord Byron, traduction de M. Amédée Pichot, précédées d'un essai sur la vie et le caractère de lord Byron, par le traducteur, et d'un discours préliminaire de M. Charles Nodier, Paris, Furne, 1830, 6 v. in-8°, r.

1652. Le Paradis perdu de Milton, traduction nouvelle par M. de Chateaubriand, Paris, Gosselin et Furne, 1837, 2 v. in-8°, b.

1653. Les principes de la morale et du goût, traduit de l'anglais de M. Pope, par M. du Resnel, abbé de Sept-Fontaines, augmentés de la Boucle de cheveux d'or enlevée, Paris, 1750, 1 v. in-12, r.

1654. Beautés morales de Shakespeare, par Edouard Roger, traduction en vers français avec le texte en regard, 1 v. in-32, b., g.

1655. Œuvres complètes de Shakespeare, traduction de François-Victor Hugo, avec introduction par Victor Hugo, Paris, Pagnerre, 1865, 15 v. in-8°, b., a.

1656. Œuvres choisies de Gessner, Paris, 1774, 1 v. in-8°, r.

1657. Les Niebulungen, poëme traduit de l'allemand, par Mme Moreau de la Meltière, publié par Francis Riaux, Paris, Joubert, 1839, 2 v. in 8°, b., g.

1658. Poésies de Louis Uhland, traduites par Demonceaux et Kaltschmidt, avec introduction par M. Saint-Réné Taillandier, Paris, 1866, 1 v. in-12, b., g.

1659. Les quatre poëtes italiens : Dante Alighieri, Pétrarque, Arioste, Le Tasse, suivis de poésies d'auteurs divers, depuis l'an 1200 jusqu'à nos jours, en italien, Paris, Lefebvre et Baudry, 1836, 1 v. in-4°, r.

1660. La Jérusalem délivrée de Le Tasse, traduite par M. Taunay, bibliothécaire de Sainte-Geneviève, Paris, Hachette, 1846, 2 v. in-8°, b., g.

1661. Œuvres posthumes de M. Philippe Duplessis, traduction en français de tragédies italiennes, de l'abbé Vincent Monti et de Victor Alfieri, Paris, Didot, 1854, 5 v. in-8°, b.

Poëtes Français.

1662. Théâtre français au moyen-âge, XIe-XIVe siècles, publié d'après les manuscrits de la bibliothèque du Roi, par MM. Monmerqué et Francisque Michel, Paris, 1840, 1 v. in-4°, b., de la collection du Panthéon littéraire.

1663. Œuvres de Pierre Ronsard, Paris, 1623, 2 v. in-f°, r.

1664. Œuvres de Boileau, Paris, 1685, 1 v. in-18, r.

1665.	id.	1775, 1 v. in-12, r.
1666.	id.	1810, 1 v. in-32, r.
1667.	id.	1823, 1 v. in-12, r.
1667 bis.	id.	1830, 2 v. in-12, b.

1668. Œuvres complètes de Boileau, Amsterdam, 1772, 5 v. in-8°, r., avec des éclaircissements historiques, donnés par lui-même, et rédigés par M. Brossette, augmentées de plusieurs pièces tant de l'auteur qu'ayant rapport à ses ouvrages, avec des remarques et des dissertations critiques, par M. de Saint-Marc, nouvelle édition, augmentée de plusieurs remarques et de pièces relatives aux ouvrages de l'auteur, enrichie de figures gravées d'après les dessins du fameux Picart-le-Romain.

1669. Chefs-d'œuvre de Boursault, Paris, 1786, 1 v. in-12, r.

1670. Petits poëtes français, depuis Malherbe jusqu'à nos jours, avec des notices sur chacun d'eux, par M. Prosper Poitevin. — Racan, Segrais, Mᵐᵉ Deshoulières, Chaulieu, Lafare, Sénecé, Vergier, Houdard de Lamotte, Piron, Louis Racine, Lefranc de Pompignan, Gresset, Bernard, Lemierre, de Bernis, Saint-Lambert, Marmontel, Lebrun, Malfilâtre, Colardeau, Ducis, Dorat, Laharpe, Léonard, de Bonnard, Imbert, Gilbert, Bertin, Parny, Florian, M. J. Chénier, Legouvé, Luce de Lancival, Millevoye, A. Chénier, 2 vol. du Panthéon littéraire.

1671. Chefs-d'œuvre de P. Corneille, Paris, 1840, 4 v. in-12, b.

1672. Œuvres de P. Corneille, avec les notes de tous les commentateurs, Paris, Firmin Didot, 1865, 15 v. in-8°, b., g. (faisant partie des classiques français publiés par M. Lefèvre).

1673. Chefs-d'œuvre de Thomas Corneille, Paris, 1840, 1 v. in-12, b.

1674. Œuvres de Gresset, Paris, 1805, 2 v. in-12, b.

1675. Chefs-d'œuvre d'éloquence poétique tirés des auteurs tragiques les plus célèbres, suivis de la tragédie de *Polieucte*, par Corneille, et de celles d'*Esther* et d'*Athalie*, par Racine, Paris, 1784, 1 v. in-12, r.

1676. Œuvres de Jean Racine, Paris, 1789, 2 v. in-32, r.

1677. Œuvres complètes de Jean Racine, avec les notes de tous les commentateurs, publiées par M. Aimé Martin, Paris, Lefebvre et Furne, 1844, 6 v. in-8°, b., g.

1678. Le Poëme de la religion, par Racine, fils, suivi du poëme de la grâce et autres pièces, Lyon, 1811, 1 v. in-12, r.

1679. Œuvres de Molière, avec un commentaire historique et littéraire, précédées du tableau des mœurs du XVIIᵉ siècle et de la vie de Molière, par M. Petitot, Paris, 1829, 6 v. in-8°, r., a.

1680. Chefs-d'œuvre de J.-B. Regnard, Paris, 1823, 2 v. in-18, b.

1681. Œuvres choisies de J.-B. Rousseau, Paris, 1744, 1 v. in-16, r.

1682. Œuvres choisies de J.-B. Rousseau, à l'usage des colléges, Paris, 1826, 1 v. in-12, b.

1683. La Henriade avec les variantes, suivie d'un essai sur la poésie épique et du poëme de Fontenay, par Voltaire, Paris, 1765, 1 v. in-12, r.

1684. La Henriade, par Voltaire, Paris, 1801, 1 v. in-12, r.

1685. id. id. id. 1832, 1 v. in-18, br.

1686. Poésies, épitres, stances, odes et pièces inédites, par Voltaire, Paris, 1831, 1 v. in-12, b.

1687. Fables choisies de Lafontaine, notées et ornées de gravures pour la récitation, par M. Duquesnois, Paris, 1846, 1 v. in-12, b., g.

1688. Fables de Florian, Paris, 1810, 1 v. in-32, b.

1689. Poésies fugitives de Delille, Paris, 1809, 1 v. in-12, b.

1690. Œuvres de Fontanes, précédées d'une lettre de M. de Chateaubriand, Paris, Hachette, 1839, 2 v. in-8°, b., g.

1691. Œuvres de Pierre Lebrun, de l'Académie française, Paris, 1844, 2 v. in-8°, b., g.

1692. Œuvres de M. Etienne, de l'Académie française, avec notices et éclaircissements, Paris, Didot, 1849, 2 v. in-8°, b., g.

1693. La Villèliade, ou prise du château de Rivoli, poème en 5 chants, par Méry et Barthélemy, 1826, broch. in-8°.

1694. Napoléon en Egypte, poème en 8 chants, par Barthélemy et Méry, Paris, 1829, 1 v. in-8°, b.

1695. La Popularité, comédie en 5 actes et en vers, par Casimir Delavigne, Paris, 1839, 1 v. in-8°, b., g.

1696. Poésies et Messéniennes de Casimir Delavigne. Paris, 1832, 3 v. in-12, b.

1697. Dernier chant du pélérinage de Harold, par Lamartine, Paris, 1825, 1 v. in-12, b., 5ᵉ édition. — Même ouvrage, 6ᵉ édition, 1 v. in-12.

1698. Nouvelles méditations poétiques, par Lamartine, Paris, 1834, 1 v. in-8°, b.

Voir ses autres œuvres poétiques à la section POLYGRAPHIE.

1699. Théâtre de Victor Hugo, collection Hetzel, 1858, 6 v. in-12, b.

1700. Jeanne d'Arc, par Alexandre Soumet, Paris, 1848, 1 v. in-8°, b., g.

1701. La divine épopée, par Alexandre Soumet, Paris, Bertrand, 1840, 2 v. in-8°, b., g.

1702. La poésie de l'histoire, par M. Belmontet, Paris, 1844, 1 v. in-8°, b., g.

1703. Le fruit défendu, comédie en vers, par Camille Doucet, de l'Académie française, 1858, 1 v. in-12, b.

Poëmes divers.

1704. Poëtes de Champagne, antérieurs au siècle de François Iᵉʳ, Rennes, 1851, 1 v. in-8°, b., g.

1705. Chansons, ballades et rondeaux de Jehannot Lescurel, poëte du XIVᵉ siècle, 1 v. in-32, r.

1706. Le rebours de Matheolus, pièce de vers imprimée en caractères gothiques très-anciens, sur papier bois et papier ordinaire, 1 v. in-12, b.

1707. Epigrammes et élégies de François Rémond, en latin, Anvers, 1606, 1 v. in-18, b.

1708. Poésies lyriques et épigrammes de Sabievius, Anvers, 1630, 1 v. in-16, r.

1709. Le faut mourir, en vers burlesques, par Jacques Jacques, Lyon, 1669, 1 v. in-18, r.

1710. Recueil de poésies diverses, Paris, Etienne, 1726, 1 v. in-8°, r.

1711. Stances chrétiennes sur divers passages de l'Ecriture et des Pères, Paris, 1675, 1 v. in-8°, r.

1712. La grandeur de Dieu dans les merveilles de la nature, poëme par M. Dulard, Paris, 1767, 1 v. in-12, r.

1713. La lyre sacrée ou poésies morales et religieuses, extraites des auteurs les plus célèbres, à l'usage de la jeunesse, Paris, 1811, 2 v. in-18, r.

1714. Les psaumes de David, traduits en vers français, par M. de Sapinaud de Boishuguet, Paris, 1836, 1 v. in-8°, b., g.

1715. L'anti Lucrèce, Poëme sur la religion naturelle, composé par le cardinal Polignac, Paris, 1750, 2 v. in-12, r.

1716. Œuvres de l'abbé Chaulieu, Paris, 1750, 2 v. in-16, r.

1717. Œuvres de Mme et Mlle Deshoulières, Paris, 1744, 1 v. in-16, r.

1718. Elite de poésies fugitives, Londres, 1769-70, 5 v. in-8°, r.

1719. Cosme de Médicis, ou la nature outragée et vengée par le crime, par Méro, Paris, 1774, 1 v. in-8°, b.

1720. Achille à Scyros, poëme en 6 chants, par Luce de Lancival, Paris, 1805, broch. in-8°.

1721. Les Rosecroix, poëme en 12 chants, par Evariste Parny, Paris, 1807, 1 v. in-32, b.

1721 bis. La gastronomie ou l'homme des champs à table, poëme didactique en 4 chants, par Berchoux, 1 v. in-32, r.

1722. Consolation poétique adressée à Mme la duchesse d'Angoulême, par l'abbé Gossin, Paris, 1814, broch. in-8°.

1723. La Luciniade, du docteur Sacombe, 1815, 1 v. in-8°, r.

1724. Les exilés de Parga, poëme suivi de poésies diverses, par M. le baron d'Ordre, Paris, Janet, 1822, 1 v. in-8°, b.

1725. Essais poétiques, par Mme Delphine Gay, Paris, 1824, br. in-8°.

1726. Les Moscovites, poésies nouvelles, par M. de Valmore, officier russe, Paris, 1825, br. in-8°.

1727. Elégies et poésies nouvelles, par Mme Desborde-Valmore, Paris, 1825, 1 v. in-18, b.

1728. Pauvres fleurs, par Mme Desbordes-Valmore, Paris, Dumont, 1839, 1 v. in-8°, b., g.

1729. Essais poétiques, par M. Mondelot, Paris, 1823, broch. in-12.

1730. Recueil de poésies par M. Mondelot, ancien principal du collége de Saint-Pol, Paris, 1846, 1 v. in-12, r.

1731. Mélodies poétiques et chants d'amour, par G. Pauthier de Censay, Paris, 1726, 1 v. in-32, b.

1732. Légendes françaises, par Edouard d'Anglemont, Paris, 1829, 1 v. in-8°, b.

1733. Elégies américaines, par Marius Villers, Paris, 1829, br. in-8°.

1734. Poésies de Mlle Elisa Mercœur, Paris, 1829, 1 v. in-18, b.

1735. Chansons, par A. Leroy, de Saint-Pol, Paris, 1831, 1 v. in-32, b.

1736. Les Oréades, par Duchène, Paris, Furne, 1833, 1 v. in-18, b.

1737. Art poétique d'Horace, par Durlin, d'Aubigny, Arras, 1835, 1 v. in-12, b.

1738. Essais poétiques, par le même, Arras, 1836, 1 v. in-12, b.

1739. La mission de Jeanne d'Arc, chronique en vers par Georges Ozaneaux, Paris, Renduel, 1835, 1 v. in-8°, b., g.

1740. Rêve d'une jeune fille, par Mlle Elise Moreau, Paris, Rolland, 1837, 1 v. in-8°, b., g.

1741. Poésies, par Emile Boulanger, de Doignies, près Cambrai, Valenciennes, Priguct, 1837, 1 v. in-8°, b.

1742. Fleurs et jalons, poésies et souvenirs historiques, par M. Emile Boulanger, ancien procureur du roi à Saint-Pol, juge à Valenciennes, Paris, Masgana, 1850, 1 v. in-8°.

1743. Poésies d'Eugène Dufaitelle, de Calais, 1 v. in-12, b.

1744. Panthéon poétique, recueil de vers propres à orner la mémoire, avec notes historiques, chronologiques, géographiques, etc., par Ferdinand Cadart, Douai, 1838, 1 v. in-12. b.

1745. Fénélon, poëme, par François Marchand, de Cambrai, Lille, Vanackère, 1838, broch. in-8°, de 95 pages.

1746. Volberg, poëme par Siméon Pécontal, Paris, Gosselin, 1838, 1 v. in-8°, b., g.

1747. Fastes poétiques de l'histoire de France, par J.-L. Thieys, Paris, Delloye, 1840, 1 v. in-8°, b., g.

1748. Penserosa, poésies nouvelles, par Mme Louise Collet, Paris, Delloye, 1840, 1 v. in-8°, b., g.

1749. Le monument de Molière, poëme, par Louise Collet, 1 v. in-8°, b., g.

1750. Insomnies et regrets, par Joseph Lafon-Labatut, Paris, Furne, 1845, 1 v. in-12, b., g.

1751. Fables, par M. le baron de Stassart, Paris, Paulin, 1847, 1 v. in-12, b., g.

1752. Les poëmes de la mer, par J. Autran, Paris, 1852, 1 v. in-8°, b., g.

1753. La poésie, à Napoléon III, votes des poëtes français, recueillis et publiés par Lesguillon, Paris, 1853, 1 v. in-8°, b., g.

1754. Chants bucoliques, par M. A. Deville, correspondant de l'Institut, 1857, broch. in-8°.

1755. Essai sur l'exil d'Ovide, par M. Deville, membre correspondant de l'Institut, 1859, broch. in-8°.

1756. Drames et Comédies, par M. Becq de Foucquières, 1860, 1 v. in-12, b.

LITTÉRATURE.

PROSE ORATOIRE, ÉPISTOLAIRE, NARRTIVE, DIDACTIQUE ET CRITIQUE.

Auteurs de l'antiquité.

1757. Commentaires de César, en latin, 1 v. in-8°, r.

1738. M. Tullii Ciceronis, qui ad artem oratoriam pertinent libri, avec notes interprétatives de Jacob Proust, Paris, 1687, 1 v. in-4°, r.

1759. Œuvres choisies de Cicéron, 1765, 1 v. in-8°, r.

1760. Lettres de Cicéron à Pomponius Atticus, 1 v. in-8°, r.

1761. Œuvres philosophiques de Cicérou, Paris, 1795, 10 v. in-18, b.

1762. Catilinaires et discours de Cicéron, pour Marcellin et Liguarius, traduction nouvelle, par M. Busnel, Paris, 1805, 1 v. in-12, r.

1763. Lettres de Cicéron à Brutus, avec remarques historiques et critiques, traduites en français, par de Laval, Paris, 1730, 2 v. in-32, r., le 1er manque.

Nota. — Voir plus loin la collection des auteurs latins et celle des auteurs grecs.

Auteurs étrangers.

1764. Histoire de la littérature allemande, d'après la 5e édition de Heinsius, par MM. Henry et Apffel, avec une préface de M. Matter, Paris, 1839, 1 v. in-S°, b., g.

1765. Histoire de la littérature grecque jusqu'à Alexandre-le-Grand, par Olfried Muller, traduite, annotée et précédée d'une étude sur Olfried Muller, et sur l'école historique de la Philologie allemande, par K.

Hillebrand, professeur à la Faculté des Lettres de Douai, Paris, Durand, 1866, 2 v. in-8°, b., *g.*

1766. Le Faust, de Goëthe, traduction revue et complétée, précédée d'un essai sur Goëthe, par M. Henri Blaze, Paris, Dutertre, 1847, 1 v. in-8°, r., *a.*

1767. Lettres de Junius, traduites de l'anglais, par Parisot, 1823, 2 v. in-8°, b.

1768. La mère de famille dans son intérieur, ou principes d'éducation maternelle, traduit de l'anglais par Mlle ***, de Douai, Douai, 1837, 1 v. in-18, r.

1769. Mes prisons, par Silvio Pellico, traduit par Theil, Paris, 1836. 1 v. in-12, b.

1770. Œuvres de Silvio Pellico. — Mes prisons, suivies du discours sur les devoirs des hommes, traduction de M. Antoine de La Tour, Paris, 1845, 1 v. in-12, r.

1771. Nouvelles lettres suisses, sur divers sujets, Amsterdam, 1746, 1 v. in-12, b.

1772. Dernier don de Lavater à ses amis, Paris, 1805, 1 v. in-32, b.

Auteurs français.

1773. Cours de littérature, par La Harpe, Paris, 1822, 18 v. in-12, b.

1774. Journées d'Ant. de Torcq, ou dialogue de trois philosophes, 1 v. imprimé sous le règne de François Ier.

1775. Œuvres de maître François Rabelais, paubliées sous le titre. de: *Faits et dits du géant Gargantua et de son fils Pantagruel*, avec critiques, remarques, notes, etc., 1732, 5 v. in-12, r., *a.*

1776. Harangues ou discours académiques, par Manzini, Paris, 1670, 1 v. in-12, r.

1777. Pensées relatives aux erreurs du temps, par Nicolas Jamin. 1 v. in-12, b.

1778. Description de l'île des Hermaphrodites, critique des mœurs sous Henri III, par Arthur Thomas, Cologne, 1724, 1 v. in-12, r.

1779. Philosophie des gens de cour, par l'abbé de Gérard, Paris, 1680, 1 v. in-12, r.

1780. Recueil d'épîtres, lettres et préfaces, par Delachambre, Paris, 1664, 1 v. in-12, r.

1781. Galerie des femmes fortes, par le P. Pierre Lemoine, de la Compagnie de Jésus, Lyon, 1667, 1 v. in-12, r.

1782. Œuvres mêlées de M. de Saint-Evremont, Paris, 1698, 5ᵉ édition, 2 v. in-f°, r.

1783. Mélanges de littérature et d'histoire, recueillis par de Vigneul-Marville, Paris, 1699, 1 v. in-12.

1784. Réponse aux lettres provinciales de M. de Montalte, 1697, 1 v. in-12.

1785. Les vrais abus des prétendus abus de la messe, pour réponse à B. de Loque, ministre de Castel Geloux, par Jean de Borde, Bordeaux, 1698, 1 v. in-12, r.

1786. Œuvres de M. de Voiture, Paris, 1702, 2 v. in-12, r.

1787. Œuvres diverses. — Lettres de Pline-le-Jeune, — Panégyrique de Trajan, — Traité de l'amitié, par de Sacy, Paris, 1722, 1 v. in-4°, r.

1788. Œuvres diverses de M. Patru, de l'Académie française, 1731, 2 v. in-4°, r.

1789. Nouveau recueil contenant les lettres d'Héloïse et d'Abélard, avec celles de Cléante et Bélise, suivi de l'histoire de la matrone d'Ephèse, Bruxelles, 1714, 1 v. in-12, r.

1790. Anti-Machiavel, ou essai critique sur le prince de Machiavel, publié par M. de Voltaire, 1740, 1 v. in-12, r.

1791. Lettres sur divers écrits de Voltaire, 1769, 1 v. in-8°, b.

1792. Lettres de Mᵐᵉ de Maintenon, Dresde, 1753, 1 v. in-12, r.

1793. Adèle et Théodore, ou lettre sur l'éducation, Paris, 1782, 3 v. in-12, r.

1794. Entretiens sur la pluralité des mondes, suivis des dialogues des morts, par M. de Fontenelle, Paris, 1811, 1 v. in-12, r.

1795. Lettres persanes, par M. de Montesquieu, nouvelle édition, augmentée de 12 lettres qui ne se trouvent point dans les précédentes, Amsterdam et Leipsig, 1773, 1 v. in-12, r.

1796. Lettres persanes, par Montesquieu, Paris, 1815, édition stéréotype, 1er et 2e v. in-12, b.

1797. Obervations sur Montesquieu, par M. Lenglet, avocat, Lille, 1787, 1 v. in-8°, b.

1798. Considérations sur les mœurs de ce siècle, par M. Duclos, 7e édition, Paris, 1780, 1 v. in-12, r.

1799. Recueil de pièces intéressantes, épître du diable à Voltaire, suivi de la mort de César, tragédie, 1760, 1 v. in-8°, r.

1800. Œuvres choisies du chancelier d'Aguesseau, précédées d'une notice sur sa vie et de son éloge, par Thomas, 1858, 1 v. in-12, b.

1801. Petit Carême de Massillon, Paris, 1775, 1 v. in-12, r.

1802.   id.   id.   autre édition, F. Denn, 1 v. in-12, r.

1803. Oraisons funèbres de Fléchier, Mascaron, Bourdaloue et Massillon, Paris, 1816, 2 v. in-12, r.

1804. Dialogues des morts anciens et modernes, par Fénélon, Paris, 1809, 1 v. in-12, b.

1805. Les aventures de Télémaque, suivies de celles d'Aristonoüs, par Fénélon, La Haye, 1705, 2 t. r. en 1 v. in-12.

1806. Les aventures de Télémaque, par Fénélon, 1817, 1 v. in-12, r.

1807.   id.   id.   id.   1833, 1 v. in-8°, r.

1808. Télémaque, précédé d'un discours sur la poésie épique, avec l'anglais en regard, 2 v. in-8°, r.

1809. Chefs-d'œuvre du siècle de Louis XIV, Paris, 1820, 1 v. in-32, r.

1810. Pensées, fragments et lettres de Blaise Pascal, publiés par M. Faugère, Paris, 1844, 2 v. in-8°, b., g.

1811. Lettres, opuscules et Mémoires de Mme Périer et Jacqueline Pascal, sœurs de Pascal, et de Marguerite Périer, sa nièce, publiés par M. Faugère, Paris, 1845, 1 v. in-8°, b., g.

1812. L'avocat national, ou lettre d'un patrioté au sieur Bouquet, contre les lettres provinciales, 1 v. in-8°, b.

1813. Caractères de La Bruyère et de Théophraste, Paris, 1832, 2 v. in-18, b.

1814. Correspondance littéraire, philosophique et critique, adressée à un Souverain d'Allemagne, depuis 1770 jusqu'en 1782, par le baron de Grimm et Diderot, Paris, 1812, 6 v. in-8°, r.

1815. Discours de Chénier en l'honneur des ministres français assas-sinés en Autriche, Paris, an VII, broch. in-12 de 30 pages.

1816. Rapport historique sur les progrès de l'histoire et de la littéra-ture ancienne, depuis 1789, et sur leur état actuel, présenté à l'Empe-reur le 20 février 1808, par la classe d'histoire et de littérature ancienne de l'Institut, rédigé par M. Dacier, Paris, imprimerie impériale, 1810, 1 v. in-8°, b.

1817. Œuvres complètes de Bitaubé, traduction en prose de l'Illiade et l'Odyssée d'Homère, avec des remarques et réflexions diverses, Paris, 1810, 6 v. in-8°, r.

1818. Mœurs administratives, par M. Imbert, Paris, 1825, 2 v. in-12, b.

1819. Souvenirs et mélanges littéraires, politiques et biographiques, par M. de Rochefort, Paris, 1826, 2 v. in-8°, b.

1820. Paris ou le livre des Cent-et-un, Paris, Ladvocat, 1832, 10 v. in-8°, r.

1821. Lettres philosophiques adressées à un Berlinois par E. Lermi-nier, professeur au collége de France, Paris, Paulin, 1833, 1 v. in-8°, b.

1822. Essai sur la littérature anglaise et considérations sur le génie des hommes, des temps et des révolutions, par M. de Chateaubriand, Paris, Gosselin et Furne, 1836, 2 v. in-8°, b., g.

1823. Du commentaire de Proclus sur le Timée de Platon, par Jules Simon-Suisse, ancien élève de l'Ecole normale, Paris, 1839, 1 v. in-8°, b.

1824. Débris des opinions démocratiques, philosophiques et littéraires, de M. Chevalier, pharmacien à Amiens (né à Saint-Pol), 1 v. in-12, b.

1825. Discours sur le courage civil, par Constant Berrier, Paris, 1837, opusc. in-8° de 44 p., g.

1826. La ligue d'Avila ou l'Espagne en 1520, par M. le comte du Hamel. Paris, 1840, 2 v. in-8°, r.

1827. Guillaume Budé, restaurateur des études grecques en France, essai historique par D. Rebitté, 1846, 1 v. in-8°, b., g.

1828. Soirées de Carthage, ou dialogue entre un prêtre catholique, un muphti, un cadi, etc., par l'abbé Bourgade, Paris, 1847, 1 v. in-8°, b., g.

1829. Jérôme Paturot à la recherche d'une position sociale, par Louis Reybaud, 2 v. in-32, b.

1830. Shakespeare et son temps, étude littéraire par M. Guizot, Paris, Didier, 1852, 1 v. in-8°, b.

1831. Légendes démocratiques du Nord, par J. Michelet, 1854, 1 v. in-12, b.

1832. Cours familier de littérature, par M. de Lamartine, année 1856, 1 v. in-8°, b., g.

1833. De l'éloquence judiciaire au XVIIᵉ siècle, par M. Oscar de Vallée, 1 v. in-8°, b., g.

1834. La Fontaine et Buffon, par M. Damas Hinard, Paris, 1861, 1 v. in-12, b., g.

1835. Lettres et pensées d'Hippolyte Flandrin, avec notes, notice biographique et catalogue des œuvres du maitre, par M. le vicomte Henri de La Borde, Paris, H. Plon, 1865, 1 v. in-8°, b., g.

1836. Les nouveaux lundis, par M. Sainte-Beuve, de l'Académie française, les 8 premiers volumes, 1867, Michel Lévy, éditeur, format in-12, b.

1837. Port-Royal, par M. Sainte-Beuve, 3ᵉ édition, Paris, Hachette, 1867, 7 v. in-12, b.

1838. Discours sur les prix de vertu, prononcés en séances publiques de l'Académie française, par Messieurs : de Tocqueville, 1847 ; le baron de Barante, 1856; Vitet, 1857; Saint-Marc Girardin, 1858; Guizot, 1859 : le comte de Montalembert, 1862; le prince de Broglie, 1864; Sainte-Beuve 1865; Dufaure, 1866; le comte de Falloux, 1867, 10 opusc. in-18, b.

ROMANS, — CONTES, — NOUVELLES HISTORIQUES.

Auteurs étrangers.

1839. Collection des romans grecs (traduction en français, par Messieurs Courier, Larcher et autres hellénistes), édition de 1822, en 15 v. in-32, b., g. (manque le 6ᵉ, 7ᵉ et 15ᵉ vol.)

1840. Les amours pastorales de Daphnis et Chloé, écrites en grec par Longus, et traduites par Jacques Amyot, évêque d'Auxerre, Paris, 1779, 1 v. in-18, b.

1841. Même ouvrage, édition de 1821, 1 v. in-8', b.

1842. Histoire de l'admirable Dom Quichotte de la Manche, traduite de l'espagnol de Michel Cervantes, Paris, 1752, 6 v. in-12, r.

1843. Daphnis et le premier navigateur, poëme de Gessner, traduit de l'allemand en prose, par Huber, Paris 1764, 1 v. in-12, r.

1844. Contes allemands, Riga, 1783, 1 v. in-8°, r.

1845. Nouveaux tableaux de famille, ou la vie d'un pauvre ministre de village allemand et de ses enfants, traduit de l'allemand d'Auguste Lafontaine, par Mˡˡᵉ Isabelle de Montolieu, Genève, 1802, 5 v. in-12, b.

1846. Marie Menzikoff et Fedor Dolgorouki, histoire russe en forme de lettres, traduit de l'allemand d'Auguste Lafontaine, par Mˡˡᵉ de Montolieu, Bruxelles, 1829, 2 v. in-18, b.

1847. Les affinités électives, par Goëthe, suivies d'un choix de pensées, du même, traduction nouvelle, par Mᵐᵉ de Carlewitz, 1855, 1 v. in-12, b.

1848. Werther, par Goëthe, traduction nouvelle, par Louis Enault, 1855, 1 v. in-12, b.

1849. Les aventures de Tiel Ulenspiégel, illustrées par Lanters, Bruxelles, 1840, 1 v. in-12, r.

1850. Le vicaire de Wakefield, par Goldsmith, traduction nouvelle, par Charles Nodier, avec une notice par le même, sur la vie et les œuvres de Goldsmith, Paris, Hetzel, 1843, 1 v. in-4°, r., g.

1851. Le dernier des Mohicans (des œuvres de Cooper), 1 v. in-8°, b.

1852. Louise, ou la chaumière dans les marais, par Miss ***, traduit de l'anglais, Paris, 1797, 1 v. in-12, r.

1853. Constantia Neville, ou la jeune américaine, traduit de l'anglais d'Helena Wells, par Baillio, Paris, 1801, 5 v. in-12, b.

1854. La colombe messagère, par Michel Sabaach, traduit de l'arabe en français, par Silvestre de Sacy, Paris, 1805, broch. in-8°, g.

Auteurs français.

1855. Fables héroïques, renfermant les plus saines maximes de la morale et de la politique, avec des discours historiques, publiées par Bruzen la Martinière, ornées de 60 estampes, Amsterdam et Berlin, 1754, 2 v. in-12, reliés ensemble.

1856. Imirce ou la fille de la nature, suivie de l'histoire de Babet, de la momie de mon grand père et de l'histoire de Dressaut, Berlin, 1765, 1 v. in-12, b.

1857. Le monde de verre réduit en poudre, par l'abbé Royon, Paris, Mérigot, 1780, 1 v. in-12, b.

1858. Les nuits champêtres, par Mme Delavaux, Berlin, 1784, 1 v. in-12, b.

1859. Mon bonnet du matin, par Mercier, Lausanne, 1787, 1re partie, 1 v. in-8°, b.

1860. Romans de Voltaire, 2 v. in-8°, b.

1861. Véritable civilité républicaine, par le citoyen Prévost, 1 v. in-16, b.

1862. La fausse Clélie, histoire française, 1 v. in-18, r. (le titre manque).

1863. L'élève de la nature, par M. Guillard-Gaspard de Beaurieu (né à Saint-Pol), Paris, 1806, 3 v. in-18, r.

1864. Robinson Crusoë (en latin), par M. J. Goffaux, Paris, 1810, 1 v. in-16, r.

1865. Œuvres de Florian, Paris, 1810, 22 v. in-18, b., divisés comme il suit : Théâtre en prose, 4 v.; Dom Quichotte de la Manche, 6 v.; Gonzalve de Cordoue, ou Grenade reconquise, 3 v.; La jeunesse de Florian, ou Mémoires d'un jeune Espagnol, 1 v.; Numa Pompilius, second roi de Rome, 2 v.; Guillaume Tell ou la Suisse libre, précédée de la vie de l'auteur et de son discours de réception à l'Académie, 1 v.; Galatée, pastorale imitée de Cervantes, 1 v.; Eliezer et Nephtali, et dialogue entre deux chiens, 1 v.; Nouvelles, 2 v.; Fables en vers, 1 v.; Mélanges, 1 v.

1866. Les malheurs et les aventures d'un proscrit, par Simonin, Paris, 1816, 1 v. in-12, b.

1867. Le bélier, conte, petit v. in-32, b., g. (sans nom d'auteur ni date).

1868. Les quatre facardins, conte, petit v. in-32, b., g. (sans nom d'auteur ni date).

1869. Contes moraux pour la jeunesse, par H. Lemaire, 1819, 1 v. in-12, b.

1870. La sympathie, histoire morale, par Mercier, 1 v. in-18. b.

1871. Petits tableaux de mœurs, par Paul de Kock, 1 v. in-18, b.

1872. Les amours de Psyché et de Cupidon, par Lafontaine, Paris, 1817, 1 v. in-32, b.

1873. Histoire des chevaux célèbres, par P. J. B. M., Paris, 1821, 1 v. in-12, r.

1874. Les exilés de Parga, suivi de poésies diverses, par le baron d'Ordre, Paris, 1822, 1 v. in-12, b.

1875. Trois dialogues des morts et trois épîtres, par M. Viennet, 1824, 1 v. in-8°, b.

1876. Les petits émigrés, ou correspondance de quelques enfants, par madame de Genlis, Paris, 1825, 2 v. in-8°, r.

1877. Henri III et sa cour, drame historique en cinq actes et en prose, par Alexandre Dumas, Bruxelles, 1829, 1 v. in-18, b.

1878. Les mauvais garçons, par P.-L. Jacob, bibliophile, Bruxelles, 1830, 2 v. in-12, b.

1879. Ma dernière folie, par Amédée du Leyris, 1832, 1 v. in-12, r.

1880. Miscellanées, Arras, J. Degeorge, 1836-1837, 3 v. in-8°, b.

1881. Chroniques chevaleresques de l'Espagne et du Portugal, suivies du tisserand de Ségovie, drame de XVIIᵉ siècle, publiées par Ferdinand Denis, Paris, Ledoyen, 1839, 2 v. in-8°, b., g.

1882. Physiologie du mariage, par H. de Balzac, Paris, 1838, 1 v. in-12, b.

1883. La femme à 30 ans, La femme abandonnée, La grenadière, Le message, Gobseck, par H. de Balzac, 1859, 1 v. in-12, b.

1884. Contes de Charles Nodier, Paris, Hetzel, 1846, 1 v. in-4°, b., g.

1885. Les morts inconnus, Le pasteur du désert, par Eugène Pelletan, Paris, 1855, 1 v. in-12, b.

1886. Meloenis, conte romain, par Louis Bouilhet, 1857, 1 v. in-12, b.

1887. Scènes de la vie des Etats-Unis, par Alfred Assolant, Paris, 1859, 1 v. in-12, b.

1888. La femme, par M. Michelet, Paris, 1860, 1 v. in-12, b.

1889. Chants populaires de la Grèce moderne, par M. le comte de Marcellus, 1860, 1 v. in-12, b.

1890. Promenades autour d'un village, par George Sand, 1 v. in-12, b.

1891. Belle-Rose, par Amédée Achard, 1 v. in-12, b.

1892. Louise, roman, par Edouard Gourdon, 1860, 1 v. in-12, b.

1893. Les mauvais ménages, par Louis Jourdan, Paris, 1859, 1 v. in-12, b.

1894. Le droit d'aînesse, par Mᵐᵉ Bourdon (Mathilde Froment), 1860, 1 v. in-12, b.

1895. La vie réelle, même auteur, 1860, 1 v. in-12, b.

1896. Pulchérie, même auteur, 1860, 1 v. in-12, b.

1897. Le roman de toutes les femmes, par Henri Murger, 1861, 1 v. in-12, b.

1898. Les petits bonheurs, par Jules Janin, 1862, 1 v. in-12, b.

1899. Paris s'amuse, par Pierre Véron, 1861, 1 v. in-12, b.

1900. L'homme à l'oreille cassée, par Edmond About, 1862, 1 v. in-12, b.

1901. L'ange de la foudre, légende de la télégraphie électrique, par Édgard-Eugène Martel, Montreuil, Duval, imprimeur, 1863, opusc. in-32.

1902. Voyages dans les planètes et découvertes des véritables destinées de l'homme, par G. Descottes, de Tangry (arrondissement de Saint-Pol), Paris, 1864, 1 v. in-8°, b.

1903. La violette de Pise, par Charles Garnier, 1864, 1 v. in-12, b.

1904. Les patriciens de Paris, par M. Charles d'Héricault, Paris, librairie nouvelle, 1861, 1 v. in-12, b.

1905. Un gentilhomme catholique, roman de mœurs comtemporaines, par le même, Paris, Brunet, 1863, 1 v. in-12, b.

1906. La fille aux Bluets, Un paysan de l'ancien régime, par le même, 1863, 1 v. in-12, b.

1907. Les extravagances du hasard, nouvelle parisienne et fantasque, par le même auteur, Paris, Dentu, 1865, 1 v. in-12, b.

1908. Aventures d'amour d'un diplomate, par le même, Paris, Dentu, 1 v. in-12, b.

1909. Les Mémoires de mon oncle, par le même, Paris, Brunet, 1867, 1 v. in-12, b.

Collection des Auteurs latins,

Avec traduction en français, notices biographiques et notes sur la traduction, publiée sous la direction de M. Nisard, professeur d'éloquence latine au collége de France, 1837 à 1849, Didot frères, 27 v. in-4°, b., *g*.

Poëtes.

1910. Plaute, Térence et Sénèque-le-Tragique. — Théâtre complet des latins, 1 v.

1911. 1 vol. contenant : Lucrèce. — De la nature des choses;

Virgile. — Les Bucoliques, les Géorgiques, l'Enéïde, Poésies diverses, Catalectes;

Valérius Flaccus. — Les argonautiques.

1912. Ovide. — Les Héroïdes, les Amours, l'Art d'aimer, le Remède d'amour, les Cosmétiques, les Halieütiques, les Métamorphoses, les Fastes, les Tristes, les Portiques, Consolation à Livie-Augusta, l'Ibis, le Noyer, Epigrammes, 1 v.

1913. 1 vol. contenant : Horace. — Odes, Epodes. Chant séculaire, Satires, Epîtres, Art poétique;

Juvénal. — Satires;

Perse. — Satires;

Sulpicia. — Satire;

Turnus. — Fragment;

Catulle. — Poésies;

Properce. — Elégies et chants;

Gallus. — Elégie et fragment;

Maximien. — Elégies et poëme du printemps;

Tibulle. — Elégies;

Phèdre. — Fables;

Publius Syrus. — Sentences.

1914. 1 vol. contenant : Stace. — Les Silves, La Thébaïde, L'Achilléïde ;

Martial. — Des spectacles, Epigrammes ;

Manilius. — Les astronomiques ;

Lucilius Junior. — L'Etna ;

Rutilius. — Itinéraire ;

Gratuis Faliscus. — Cynégétiques ;

Nemésien. — Cynégétiques ;

Calpurnius. — Epilogues.

1915. 1 vol. contenant : Lucain. — La Pharsale ;

Silius Italicus. — Guerres puniques ;

Claudien. — Sur les guerres contre Gildon et contre les Gètes, Panégyriques, Invectives, Eloges, Epithalames, Epîtres, Idylles, Epigrammes, L'Enlèvement de Proserpine, La Gigantomarchie.

Prosateurs.

1916. Cicéron. — 1er vol., Tableau synchronique, Tableau et analyse des lois citées, Calendrier romain, Consuls de 690 à 711, Rhétorique, De l'invention oratoire, Les trois dialogues de l'orateur, Brutus, L'orateur, Les Topiques, Des meilleurs genres d'éloquence, Les Paradoxes ;

2e vol., Plaidoyers et discours ;

3e vol., Suite des plaidoyers et discours, Œuvres philosophiques ;

4e vol., Des lois, De la divination, Fragments, De la demande du Consulat ;

5e vol., Lettres de Cicéron.

1917. Tacite. — Tableau généalogique de la famille des Césars, Annales, Histoires, La Germanie, Vie d'Agricola, Dialogue sur les orateurs, 1 vol.

1918. Tite-Live. — Histoire romaine, 1 vol.

1919. Sénèque-le-Philosophe. — De la colère, Consolation à Helvia, à Polybe, à Marcia ; De la Providence, Des Bienfaits, Consolation du Sage, De la brièveté de la vie, Repos du Sage, Tranquillité de l'âme, De la clémence, De la vie heureuse, Apokolokintose, Opuscules en vers, Questions naturelles, Fragments, Epîtres, 1 vol.

1920. 1 vol. contenant : Salluste. — Conjuration de Catilina, Guerre de Jugurtha, Fragments ;

Jules-César. — Commentaires sur la guerre des Gaules, La guerre civile, La guerre d'Afrique, d'Alexandrie, d'Espagne ;

Velleius Paterculus. — Histoire romaine, adressée au Consul Vinicius ;

Florus. — Abrégé de l'histoire romaine.

1921. 1 vol. contenant : Cornélius-Népos. — Vie des grands capitaines ;

Quinte-Curce. — Vie d'Alexandre, traduction de Vaugelas, avec les suppléments de Freinshemius, traduits par Du Ryer ;

Justin. — Histoires Philippiques, extraites de Trogue-Pompée ;

Valère-Maxime. — Les neuf livres des faits et des paroles mémorables sur la religion, la morale, les mœurs et coutumes des Romains, etc. ;

Julius Obséquens. — Des prodiges, recueil des faits miraculeux de l'histoire romaine.

1922. 1 vol. contenant : Quintilien. — De l'institution oratoire ;

Pline-le-Jeune. — Lettres suivies du panégyrique de Trajan, traduit par M. Burnouf.

1923. 1 vol. contenant : Petrone. — Pièces de vers détachées ;

Apulée. — Les Florides, Traité du dieu de Socrate, de la doctrine de Platon, Traité du monde, Apologie, La métamorphose ;

Aulu-Gèle. — Les nuits attiques, Mémoires historiques.

1924. 1 vol. contenant : Caton. — Economie rurale ;

Varron. — De l'agriculture ;

Columelle. — De l'agriculture ;

Palladius. — De l'agriculture.

1925. 1 vol. contenant : Macrobe. — Commentaire du songe de Scipion, Traité sur les différences de concordance des verbes grecs et latins, Les Saturnales ;

Varron. — De la langue latine ;

Pomponius-Méla. — Description de la terre.

1926. 1 vol. contenant : Suétone. — Les douze Césars, Des grammairiens illustres. Des rhéteurs illustres, Petites biographies, Vies de Térence, d'Horace, de Lucain, de Pline (l'ancien), de Juvénal de Perse ;

Les écrivains de l'histoire auguste ;

Eutrope. — Abrégé de l'histoire romaine ;

Rufus. — Résumé des victoires et des provinces du peuple romain, Catalogue des provinces romaines, Des régions de la ville de Rome.

1927. 1 vol. contenant : Celse. — Traité de la médecine ;

Vitruve. — De l'architecture;

Frontin. — Des aqueducs de Rome;

Censorin. — Du jour natal.

1928. 1 vol. contenant : Tertullien. — Apologétique ;

Saint-Augustin. — La cité de Dieu.

1929. 1 vol. contenant : Ammien Marcellin. — Histoire romaine;

Jornandès. — Histoire des Goths ;

Frontin. — Les stratagèmes ou ruses de guerre;

Modestus. — Précis des termes de la milice;

Végèce. — Institutions militaires.

1930. Pline. — Histoire naturelle.

Collection des Auteurs grecs,

Avec la traduction latine en regard et les index, publiés par M. Ambroise-Firmin Didot, de 1837 à 1866, 64 vol, in-4°, b., *g*.

Poëtes.

1931. Homère, et fragments des poëtes cycliques, 1 vol.

1932. Hésiode, Appolonius Rhodius, Tryphiodorus, Colutus, Quintus-Smyrnœus, Tzetzès, Musée ;

Fragments d'Antimaque,

  — Chœrilus ;

  — Panyasis ;

  — Osius ;

  — et Pisander, 1 vol.

1933. Théocrite, Bion, Moschus, Nicandre, Oppien. Marcellus Sidétès, l'anonyme de Viribus Herbarum, Phile, Aratus, Manethon, Maximus, 1 vol.

1934. Scolies de Théocrite,

  — de Nicandre

  — et d'Oppien, 1 vol.

1935. Eschyle et les fragments. — Sophocle et les fragments, 1 vol.

1936. Sophocle. — Fragments, 1 vol.

1937. Euripide, 1 vol.

1938. Fragments d'Euripide et de tous les tragiques grecs, suivis de tout ce qui reste des *Drames chrétiens*, 1 vol.

1939. Aristophane, Ménandre et Philémon, 1 vol.

1940. Scolies complètes d'Aristophane, 1 vol.

1941. Fragments des comiques grecs, 1 vol.

Historiens.

1942. Hérodote, suivi de Ctésias et des chronographes Castor et Eratosthène, 1 v.

1943. Thucydide avec les scolies. — Guerre du Péloponèse, 1 vol.

1944. Xénophon (œuvres complètes). — Histoire de la Grèce, Histoire de Cyrus, Traité d'économie, Les républiques d'Athènes et de Lacédémone, Traités de l'art équestre et de la chasse, 1 vol.

1945. Diodore de Sicile avec tous les fragments, 2 vol.

1946. Polybe et tous les fragments. — La guerre civile des Achéens, Réflexions sur l'histoire, La république de Syric, Histoire de Philippe de Macédoine, 1 vol.

1947. Flavius Josèphe. — Histoire des Juifs, 2 vol.

1948. Appien. — Histoire des Grecs et des Romains, 1 vol.

1949. Arrien. — Ses ouvrages historiques, etc., suivis des fragments de tous les historiens d'Alexandre et de l'histoire fabuleuse de ce prince, attribuée à *Callisthène*, 1 vol.

1950. Plutarque (les vies), 2 vol.

1951. Fragments des historiens grecs, 4 vol. :

Tome 1er: Hecatœi, Charonis, Xanthi, Hellanici, Pherecydis, Acusilai, Anthiochi, Philisti, Timœi, Ephori, Theopompi, Phylarchi, Clitodemi, Phanodemi, Androtionis, Demonis, Philochori, Istri, et Appollodori Bibliotheca cum fragmentis;

Tome 2 : contenant ce qui reste de 72 historiens et plusieurs fragments considérables inédits de Diodore de Sicile, de Polybe et de Denys d'Halicarnasse, recueillis à la bibliothèque de l'Escurial;

Tome 3 : contenant la suite, par ordre chronologique, des fragments de cent onze historiens grecs et particulièrement ceux de Nicolas de Damas, recueillis à la bibliothèque de l'Escurial;

Tome 4 et ultimus : contenant ce qui reste d'un grand nombre d'historiens, dont plusieurs sont inédits, et une table générale très-complète.

Orateurs, Philosophes, Moralistes, etc.

1952. Demosthène et fragments recueillis pour la première fois. — Plaidoyers, Olynthienne, Discours contre Philippe, Discours sur la couronne, etc., 1 vol.

1953. ORATEURS ATTIQUES. — Isocrate (en 2 parties), Antiphon, Andocide, Lysias, Iséc, Lycurgue, Œschine, Hypéride, Lesbonax, Herode, etc., et tous les fragments et les scolies, 2 vol.

1954. Plutarque (Morales), 2 vol.

1955. Plutarque. — Fragments des écrits qui ont été perdus, 1 vol.

1956. Platon (Œuvres complètes). — Apologie de Socrate ét de ses disciples, La République libre, Sur les Lois, Lettres, 2 vol.

1957. Aristote, 4 vol., contenant, tome 1er : l'Organon, Rhetorica, Poetica, Politica;

Tome 2e : Les Ethica naturales auscultationes, de cœlo, de generatione et metaphisica;

Tome 3° : L'histoire, les parties, la marche, la génération des animaux, les parva naturalia, l'âme, les IV livres de météorologie, etc. ;

Tome 4e, 1re partie : Les plantes, La mécanique, Problèmes.

1958. Plotin, Porphyre, Proclus, Priscien (fragment), 1 vol.

1959. Théophraste, Antonin, Epictète, Arrien, Simplicius, Cébès, Maxime de Tyr, 1 vol.

1960. Lucien (Œuvres complètes). — Dialogue des morts, 2 vol.

1961. Diogène Laërce, Iamblique, Vies des philosophes grecs, 1 vol.

1962. Philostrate, Eunape, Himérius, 1 vol.

1963. Fragments des philosophes grecs, 1 vol.

1964. Elien. — Vies des animaux, Variétés historiques;

Porphyriis, philosophe. — Sur l'abstinence;

Philon de Bizance. — Les sept merveilles du monde, 1 vol.

1965. Pausanias. — Description de la Grèce, 1 vol.

1966. Strabon. — Géographie de la Grèce, 2 vol.

1967. Petits Géographes, 2 vol.

1968. ROMANCIERS GRECS. — Achille Tatius, Longus, Xénophon, Chariton, Héliodore, Parthenius, Iamblique, Antoine Diogènes, Eumathe, Apollonius de Tyr, Nicetas Eugenianus, 1 vol.

1969. Théophraste. — Histoire des plantes, Œuvres diverses, 1 vol.

1970. Bible des septante, 2 vol.

1971. Nouveau testament. — Les 4 évangiles, les actes des apôtres, les épîtres, l'apocalypse, 1 vol.

1972. Saint-Jean-Chrysostôme. — 1er vol., sur la vie monastique, la virginité, le mariage, la jeunesse, le sacerdoce, homélies, Dispute de Saint-Basile contre les Gentils.

1973. Anthologie, 1 vol.

POLYGRAPHIE.

PANTHÉON LITTÉRAIRE,

Collection universelle des chefs-d'œuvre de l'esprit humain, avec introduction, notices biographiques et littéraires, Paris, Auguste Desrez, éditeur, 1836 et années suivantes.

La Bibliothèque possède de cette collection les ouvrages suivants, qui ont été donnés par le Gouvernement.

Histoire nationale.

Mémoires pour servir à l'histoire de France, 13ᵉ, 14ᵉ, 15ᵉ, 16ᵉ siècles, 18 volumes, insérits dans la section *Histoire*, sous les nᵒˢ 554 à 558, et en outre :

1974. Œuvres complètes de Pierre de Bourdeille, abbé séculier de Brantôme et d'André, vicomte de Bourdeille, édition revue et augmentée d'après les manuscrits de la Bibliothèque royale, 2 vol. contenant : Grands Capitaines étrangers et français, Couronnels et maistres de camp français, Discours sur les Duels, D'aucunes belles rodomontades espaignolles, Sur M. de La Noue, D'aucunes retraites de guerre, Des Dames illustres, Des Dames galantes, Opuscules divers, Du maniement de la guerre, Correspondance.

Histoire ancienne.

1975. Œuvres complètes de Thucydide et Xénophon, 1 vol. contenant :

Thucydide. — Histoire de la guerre du Peloponnèse, de 414 à 439 avant J.-C.

Xénophon. — Helléniques ou Histoire de la Grèce, Anabase ou retraite des dix mille, Vie d'Agésilas, Cyropédie ou Histoire de Cyrus, République de Sparte, République d'Athènes, Revenus de l'Attique, Hipparchique ou du commandement de la cavalerie, Equitation, Cynégétique ou traité de la chasse, Economique, Apologie de Socrate, Mémoires sur Socrate, Banquet, Hiéron, Correspondance.

1976. Ouvrages historiques de Polybe, Zozyme et Hérodien (Histoire romaine), 1 vol.

1977. Choix des historiens grecs, 1 vol. contenant:

Histoire et vie d'Homère, par Hérodote,

Histoire de Perse, Histoire de l'Inde, par Ctésias,

Expédition d'Alexandre, par Arrien,

Suivis de l'essai sur la chronologie d'Hérodote et du canon chronologique de Larcher, avec une carte de l'expédition d'Alexandre, servant à l'éclaircissement de la géographie d'Asie.

1978, Œuvres complètes de Flavius Joseph, 1 vol. contenant: Autobiographie de Flavius Joseph, Histoire ancienne des Juifs, Histoire de la guerre des Juifs, Histoire du martyre des Machabées, Réponse à Appion, et justification de l'Histoire ancienne des Juifs.

Histoire étrangère.

1979. Gibbon. — Histoire de la décadence et de la chûte de l'Empire Romain, 1 vol.

1980. Robertson, 2 vol. contenant: Introduction qui renferme le tableau des progrès de la société en Europe depuis la destruction de l'empire romain jusqu'au commencement du 16ᵉ siècle, Histoire de l'Empereur Charles-Quint, Recherches historiques sur l'Inde ancienne, Histoire d'Ecosse, Histoire d'Amérique.

1981. Guichardin. — Histoire d'Italie, de 1492 à 1532, 1 vol.

1982. Machiavel, 2 vol. contenant : Histoire de Florence, Morceaux historiques, L'Art de la guerre, Discours politiques et philosophiques sur Tite-Live, Le Prince, Ouvrages dramatiques, Poésies diverses, Œuvres diverses en prose, Légations et missions, Lettres sur différentes affaires du Gouvernement, Lettres familières.

Théologie.

1983. Choix d'ouvrages mystiques, 1 vol. comprenant les auteurs suivants :

Saint-Augustin. — Confessions, Méditations ;

Boëce. — Consolations de la philosophie ;

Saint-Bernard. — Traité de la considération ;

Gersen. — Imitation de Jésus-Christ ;

Cardinal Bona. — Principes de la vie chrétienne, Chemin du Ciel ;

Tauler. — Institutions ;

Louis de Blois. — Le Directeur des âmes religieuses.

1984. Choix de monuments primitifs de l'Eglise chrétienne, 1 vol. contenant :

Correspondance entre Pline-le-Jeune et Trajan, au sujet des chrétiens ;

Tertullien. — 23 traités ;

Minucius Félix. — Octavius (Dialogue) ;

Saint-Cyprien. — 12 traités ;

Lactance. — 4 traités ;

Arnobe. — Note ;

J.-F. Maternus. — Erreur des religions profanes.

1985. Œuvres de Saint-Jérôme, 1 vol. contenant : Tableau des Ecrivains sacrés, Critique sacrée, Traités de morale, Vies de quelques Pères du désert, Vies de plusieurs saintes femmes de Rome, Polémique, Correspondance, Fragments divers.

1986. Œuvres de l'abbé Fleury, 1 vol. contenant : Traité du choix et de la méthode des études, Mémoires sur les études des missions orientales, Discours sur la prédication, Discours sur Platon, Fragment de Platon ou comparaison d'un philosophe et d'un homme du monde, Mœurs des Israélites, Mœurs des Chrétiens, Discours sur l'Histoire ecclésiastique, Histoire du droit français, Avis à Louis, duc de Bourgogne, Lettre sur la Justice, Pensées politiques, Politique chrétienne tirée de Saint-Augustin, Discours académiques, Portrait de Louis, duc de Bourgogne, Réflexions sur les œuvres de Machiavel, Avis spirituels, Devoirs des maîtres et des domestiques, Poëmes latins.

Philosophie.

1987. Œuvres de Michel de Montaigne. 1 vol. contenant : Essais, Voyages en Allemagne et en Italie, Correspondance, Avis dictés par Catherine de Médicis à Charles IX peu de temps après sa majorité, De la servitude volontaire ou le contr'un, par Etienne de la Boetie.

1988. Œuvres de François Bacon, baron de Verulam, chancelier d'Angleterre, 1 vol. contenant : Grande restauration des Sciences, Essais de morale et de politique, Œuvres diverses, Premiers rudiments de la grande restauration, Correspondance.

1989. Œuvres philosophiques et morales de Descartes, 1 vol. contenant : Discours de la méthode, Méditations, Objections, Les principes de la philosophie, Les passions de l'âme, Règles pour la direction de l'esprit, Correspondance.

1990. Choix de moralistes français, 1 vol. contenant :

De la Sagesse, par Pierre Charron ;

Pensées de Blaise Pascal ;

Réflexions ou Sentences et Maximes morales du duc de La Rochefoucauld ;

Les Caractères ou mœurs de ce siècle, par Jean de La Bruyère ;
Œuvres de Vauvenargues.

Poésie.

1991. Petits poètes français, voir n° 1670, 2 vol.

Théâtre.

1992. Théâtre français au moyen-âge, publié d'après les manuscrits de la Bibliothèque du Roi, par MM. Monmerqué et Francisque Michel (XI° à XIV° siècles), 1 vol.

Romans.

1993. Les mille et une nuits, contes arabes, traduits en français, par

Galland, nouvelle édition, augmentée de plusieurs contes, et accompagnée de notes et d'un essai historique sur les mille et une nuits, par A. Loiseleur Deslongchamps, 1 vol.

Géographie. — Voyages.

1994. Lettres édifiantes et curieuses concernant l'Asie, l'Afrique et l'Amérique, avec quelques relations nouvelles des Missions, et des notes géographiques et historiques, précédées d'un Mémoire de l'abbé Fleury pour les études des Missions orientales, 2 vol. contenant :

T. 1er. Grèce, Turquie, Syrie, Arménie, Perse, Egypte, Amérique septentrionale ;

T. 2. Guyanes, Pérou, Californie, Chili, Paraguay, Brésil, Buenos-Ayres, Indoustan, Bengale, Gingi, Golconde, Maduré, Carnate, Tanjaour, Marhate.

1995. ŒUVRES COMPLÈTES DE VOLTAIRE : Edition de la Société littéraire-typographique, 1785 à 1789, 70 vol. in-8°, r., savoir :

Poésie dramatique.

T. 1 à 9. Théâtre.

Poésie épique, héroïque, lyrique, etc.

T. 10. La Henriade.

T. 11. La Pucelle.

T. 12. Poëmes.

T. 13. Epîtres, Stances, Odes.

T. 14. Contes, Satires, Poésies mélées.

T. 15. Lettres en vers et en prose.

Prose. — Histoire.

T. 16, 17, 18, 19. Essai sur les mœurs et l'esprit des Nations.

T. 20, 21. Siècle de Louis XIV.

T. 22. Précis du siècle de Louis XV.

T. 23. Histoire de Charles XII.

T. 24. Histoire de Russie sous Pierre Ier.

T. 25. Annales de l'Empire d'Allemagne.

T. 26. Histoire du Parlement de Paris.

T. 27, 28. Mélanges historiques.

T. 29, 30. Politique et législation.

Philosophie, Physique, Histoire naturelle, etc., Métaphysique, Morale et Théologie.

T. 31. Philosophie de Newton, etc.

T. 32, 33, 34, 35. Philosophie générale.

T. 36. Dialogues.

T. 37 à 43. Dictionnaire philosophique.

Littérature.

T. 44, 45. Romans.

T. 46. Facéties.

T. 47, 48, 49. Mélanges littéraires.

T. 50, 51. Commentaires sur Corneille.

T. 52 à 63. Correspondance générale.

T. 64, 65, 66. Correspondance du Roi de Prusse.

T. 67. Correspondance de l'Impératrice de Russie.

T. 68, 69. Correspondance de d'Alembert.

T. 70. Vie de Voltaire, Pièces justificatives, Mémoires, Tables.

1996. ŒUVRES DE VOLTAIRE, édition de 1773, en 40 vol. in-12, r.

1997. ŒUVRES COMPLÈTES DE JEAN-JACQUES ROUSSEAU, nouvelle édition, avec les notes historiques et critiques de tous les commentateurs, augmentée d'un appendice aux Confessions, d'une table raisonnée des matières et ornée de vignettes, Paris, Armand Aubrée, éditeur, 1834, 17 vol. in-8°, b., savoir:

T. 1. Lettres, Discours, Oraison funèbre.

T. 2. Pièces de Théâtre, Poésies diverses, Mélanges, Ecrits en forme de circulaires.

T. 3. Emile ou de l'Education.

T. 4. Suite d'Emile, Emile et Sophie ou les solitaires, Projet d'édu-cation, mandement de Mgr l'archevêque de Paris, portant condamnation d'*Emile*, Réponse de l'auteur.

T. 5. Contrat social, Considérations sur le Gouvernement de Po-logne, Lettres à M. Butta-Foco, Polysynodie de l'abbé de Saint-Pierre.

T. 6, 7. La Nouvelle Héloïse.

T. 8. Lettres écrites de la montagne, Vision de Pierre de la mon-tagne dit le *Voyant*, Lettres élémentaires sur la Botanique.

T. 9, 10. Lettres et écrits sur la musique.

T. 11. Les Confessions de J.-J. Rousseau.

T. 12. Suite des Confessions, Précis des circonstances de la vie de J.-J. Rousseau, Lettres à M. le Pasteur Vernes et réponses, Quatre lettres à M. le Président de Malesherbes, contenant le vrai tableau du caractère et les vrais motifs de la conduite de l'auteur.

T. 13. Rousseau, juge de Jean-Jacques, Dialogues, Les rêveries du promeneur solitaire.

T. 14, 15, 16. Correspondance.

T. 17. Fin de la Correspondance, Tables.

1998. ŒUVRES COMPLÈTES DE FRÉRET, Secrétaire de l'Académie des Inscriptions et des Belles-Lettres, édition augmentée de plusieurs ou-vrages inédits et rédigée par feu M. de Septchênes, Paris, 1796, 20 vol. in-18, b., savoir :

T. 1 à 6. Histoire, contenant :

Observations générales sur l'Histoire ancienne ;

Recherches historiques sur les Grecs, les Romains, les anciens peuples de l'Asie, de l'Europe, la langue des Chinois, Chronologie, Géographie ;

Recherches sur les découvertes des Anciens, dans les arts et dans les sciences ;

Mythologie ou religion des Grecs, Religion des anciens peuples de l'Europe.

Le 6ᵉ contient la table de ces six volumes.

T. 7 à 10. Chronologie de Newton.

T. 11 à 14. Chronologie des Chinois.

T. 15, 16. Géographie.

T. 17. Sciences et arts.

T. 18. Mythologie.

T. 19, 20. Philosophie.

1999. Cours d'étude pour l'instruction du prince de Parme, par M. l'abbé de Condillac, de l'Académie française, Genève et Paris, 1789, 16 vol. in-12, b.

T. 1. Grammaire.

T. 2. (manque).

T. 3. De l'art de raisonner.

T. 4. De l'art de penser.

T. 5 a 10. Histoire ancienne.

T. 11 à 15. Histoire moderne.

T. 16. De l'étude de l'histoire, Directions pour la conscience d'un Roi, composées pour l'intruction de Louis de France, duc de Bourgogne, par Mgr de Fénelon, archevêque de Cambrai, son précepteur.

2000. Œuvres choisies de l'abbé de Condillac, Paris, 1796, 2 v. in-4°, r., contenant :

T. 1. Discours préliminaires, Grammaire, Art d'écrire, Dissertation sur l'harmonie du style.

T. 2. De l'art de raisonner, De l'art de penser, La Logique ou les premiers développements de l'art de penser, Traité des animaux.

2001. **Mélanges tirés d'une grande Bibliothèque,** Paris, Moutard, 1780 à 1788, 70 vol. in-12, r.

T. 1. Bibliothèque historique à l'usage des dames, suivi d'un extrait de la conquête de Constantinople, par Geoffroy de Villehardouin, et de celui de la vie de Saint-Louis, par le Sire de Joinville (manque).

T. 2 Manuel des châteaux, ou lettres contenant des conseils pour former une Bibliothèque romanesque, pour diriger une comédie de société, et pour diversifier les plaisirs d'un salon (manque).

T. 3. Précis de l'Histoire générale de la vie privée des Français dans tous les temps et dans toutes les provinces de la monarchie (manque).

T. 4. De la lecture des livres français considéréc comme amusement. Livres de 13ᵉ, 14ᵉ et 15ᵉ siècles (manque).

T. 5. 6. Suite et fin des livres du 15ᵉ siècle.

T. 7. Poésies du 16ᵉ siècle (manque).

T. 8. 10. 12. 14. 16. 18. 20. 22. 24. Romans du 16ᵉ siècle.

T. 9. Livres de théologie et de jurisprudence du 16ᵉ siècle.

T. 11. Grandes affaires et plaidoyers du 16ᵉ siècle.

T. 13. 15. Livres de philosophie, sciences et arts du 16ᵉ siècle.

T. 17. Livres de politique du 16ᵉ siècle.

T. 19. Livres de grammaire et de rhétorique du 16ᵉ siècle.

T. 21. Livres de physique générale et particulière du 16ᵉ siècle.

T. 23. Livres de physique et d'histoire naturelle du 16ᵉ siècle.

T. 25. Livres de médecine, chirurgie, chimie et alchimie du 16ᵉ siècle.

T. 26. Livres concernant les sciences mathématiques et les arts qui en dépendent, imprimés au 16ᵉ siècle.

T. 27. 28. 29. Livres militaires du 16ᵉ siècle.

T. 30. Supplément aux portraits des illustres militaires du 16ᵉ siècle, et des progrès qu'ont faits pendant ce siècle les arts de l'imprimerie, de la musique, de la danse, du dessin, de la peinture, de la sculpture et de la gravure.

T. 31. Des livres écrits en français au 16ᵉ siècle, qui traitent de l'architecture et des progrès de cet art jusqu'au 17ᵉ siècle.

T. 32. Suite des livres français écrits sur les arts mécaniques, des statuts et réglements de ces arts, de leur état et de leurs progrès jusqu'a la fin du 16ᵉ siècle.

T. 33 à 68 inclus. Livres d'histoire et de géographie, imprimés en français au 16ᵉ siècle.

T. 69. Table alphabétique des 32 premiers volumes.

T. 70. Table alphabétique des 36 derniers volumes.

Cette table en deux volumes contient les noms des empires, royaumes, républiques, provinces, villes, bourgs, grandes terres, maisons anciennes et illustres, grands personnages, faits remarquables, etc., etc.

Les noms des sciences, arts et métiers, des savants en tout genre, des auteurs anciens et modernes, des artistes célèbres, etc., des manuscrits et ouvrages anonymes dont il est parlé dans les 68 volumes de Mélanges tirés d'une grande bibliothèque.

2002. Cours d'études historiques par Daunou, Pair de France, Secrétaire perpétuel de l'Académie des Inscriptions et des Belles-Lettres, etc., etc., Paris, Didot frères, 1842 à 1849, 20 volumes in-8°, b., g.

T. 1. Préface, Discours d'ouverture, Examen et choix des faits, Critique historique.

T. 2. Usages de l'histoire, Classification des faits, Géographie.

T. 3. Chronologie.

T. 4. Chronologie technique.

T. 5. Chronologie litigieuse.

T. 6. Chronologie positive.

T. 7. Exposition des faits, Art d'écrire l'histoire.

T. 8 et 9. Art d'écrire l'histoire. Hérodote.

T. 10. Tucydide.

T. 11. Xénophon.

T. 12. Polybe et Diodore de Sicile.

T. 13 à 19. Histoire romaine, Denys d'Halicarnasse et Tite-Live.

T. 20. Recherches sur les systèmes philosophiques applicables à l'histoire, Table générale des matières des 20 volumes.

2003. Œuvres complètes de M. de Chateaubriand, membre de l'Académie française, Paris, Pourrat et Furne, 1835, 22 volumes in-8°, r., savoir :

T. 1 et 2. Essai sur les révolutions.

T. 3. Mélanges historiques : Mémoires sur le duc de Berry, Le roi est mort! Vive le roi! De la Vendée, Notices nécrologiques, Les quatre Stuarts.

T. 4 et 5. Etudes historiques sur la chûte de l'Empire romain, la naissance et les progrès du christianisme, et l'invasion des Barbares.

T. 6. Etudes historiques : Analyse raisonnée de l'histoire de France.

T. 7. Voyages en Amérique, en Italie, à Clermont, au Mont-Blanc.

T. 8 et 9. Itinéraire de Paris à Jérusalem.

T. 10. Atala, Réné, Le dernier Abencérage, Poëmes traduits du Gal lique en anglais, par John Smith, Pensées, Réflexions et Maximes, Poëmes divers, Moïse, tragédie.

T. 11. 12 et 13. Les martyrs ou le triomphe de la religion chrétienne.

T. 16 et 17. Les Natchez.

T. 18. Mélanges littéraires tirés du *Mercure*, du *Conservateur* et du *Journal des Débats*, de 1800 à 1825.

T. 19 et 20. Mélanges politiques : De Bonaparte et des Bourbons (30 mars 1814), Des alliés, De l'état de la France au 4 octobre 1814, Réflexions politiques, De la monarchie selon la Charte, De la presse, etc., etc.

T. 21. Politique, Opinions et Discours.

T. 22. Polémique.

2004. OEUVRES DE BOSSUET, Paris, Firmin Didot frères, 1841, 4 vol. gr. in-8°, b., *g.*, savoir :

T. 1. De l'instruction de Mgr le Dauphin, fils de Louis XIV, De la connaissance de Dieu et de soi-même, Traité du libre arbitre, Discours sur l'histoire universelle, Politique tirée des propres paroles de l'Ecriture sainte, Défense de la tradition et des Saints-Pères, De la tradition ou de la parole non écrite, Exposition de la doctrine catholique sur les matières de controverse, Discours de réception à l'Académie française, Maximes et réflexions sur la Comédie.

Ce volume contient en outre l'éloge de Bossuet, par M. Saint-Marc Girardin, couronné par l'Académie française le 25 août 1827.

T. 2. Oraisons funèbres, Sermons.

T. 3. Suite des sermons, Panégyriques, Méditations sur l'Evangile.

T. 4. Histoire des variations des églises protestantes, Avertissements aux protestants sur les lettres du ministre Jurieu contre l'histoire des Variations, Instruction pastorale sur les promesses de l'Eglise, Elévations sur les mystères, Pensées chrétiennes et morales sur différents sujets.

2005. OEuvres de Fénélon, archevêque de Cambrai, précédées d'études sur sa vie, par M. Aimé Martin, Paris, Firmin Didot frères, 1838, 3 vol. gr. in-8°, b., g.

T. 1. Démonstration de l'existence de Dieu, Lettres sur divers sujets de métaphysique et de religion, Traité du ministère des Pasteurs, Lettres sur l'autorité de l'Eglise, Manuel de piété, *De summi Pontificis auctoritate dissertatio*, Lettres spirituelles, Lettres à diverses personnes du monde sur la vie chrétienne, Lettre sur la fréquente communion.

T. 2. Explication des maximes des Saints sur la vie intérieure, Lettres à Mgr de Meaux, en réponse à divers écrits sur le livre des Maximes, Réponse à l'écrit de Mgr de Meaux, intitulé: *Relation sur le quiétisme*, Condamnation du livre intitulé: *Explication des maximes des Saints*, Lettres au P. Lamy, sur la grâce de la prédestination, Sermons et entretiens sur divers sujets, Mandements, De l'éducation des filles, Recueil de fables, Dialogue des morts, Opuscules divers, français et latins, *Fabulosæ, Narrationes, Historiæ*, Dialogues sur l'éloquence en général et sur celle de la chaire en particulier.

T. 3. Aventures de Télémaque, l'Odyssée d'Homère, Discours et Lettres, Poésies, Abrégé des vies des anciens philosophes, Ecrits politiques, Correspondance de Fénélon.

2006. OEuvres complètes du baron de Stassart, de l'Académie royale de Belgique, de l'Académie de Turin, de l'Institut de France, etc., publiées et accompagnées d'une notice biographique et d'un examen critique des ouvrages de l'auteur, par M. Dupont-Delporte, ancien représentant du Pas-de-Calais, ancien sous-préfet de Montreuil, nouvelle édition, Paris, Firmin Didot frères, 1855, 1 fort vol. in-4°, b., g. Ces œuvres sont: Fables, Notes sur les fables, Pensées, Maximes, Réflexions, Observations, Poésies diverses, Discours (Athénée de Vaucluse), Idylles en prose, Contes en prose, Petits dialogues épigrammatiques et moraux, Méditations religieuses d'Eckartshausen, Rapports, Discours et

Notes, Notices biographiques, Discours aux Assemblées législatives, Discours prononcés en diverses circonstances, Critique littéraire, Miscellanées.

2007. ŒUVRES COMPLÈTES DE BEAUMARCHAIS, précédées d'une notice sur sa vie et ses ouvrages, Paris, au bureau de la Bibliothèque choisie, 1829, 6 vol. in-8°, b., contenant :

T. 1. Essai sur le genre dramatique sérieux, Eugénie, Les deux amis (drame en prose), Le Barbier de Séville (comédie en prose).

T. 2. La folle journée ou le mariage de Figaro (comédie), L'autre Tartuffe ou la mère coupable (drame), Tarare (opéra en 5 actes).

T. 3 et 4. Mélanges, Mémoires à consulter.

T. 5. Mémoires, Beaumarchais à Lecointre, son dénonciateur près de l'Assemblée nationale.

T. 6. Rapports, Pétitions, Lettres.

2008. ŒUVRES DE M. BOUCHER DE PERTHES, d'Abbeville, membre de plusieurs Sociétés savantes, publiées à Paris, chez Treuttel et Würtz, libraires, en 24 volumes, br., savoir :

1. Chants armoricains ou souvenirs de Basse-Bretagne, 2e édition, 1831, 1 v. in-12.

2. Opinions de M. Cristophe, sur les prohibitions et la liberté du commerce; 1re partie, Liberté du commerce; 2e partie, suite du même sujet, aventure de M. Cristophe, voyage commercial et philosophique de M. Cristophe; 3e partie, M. Cristophe à la Préfecture de police, ses tribulations; 4e partie, maladie, rêve, grand amendement de M. Cristophe, le dernier jour d'un homme, 1831, 1 v. in-12.

3. Nouvelles, 1832, 1 v. in-12.

4. Satires, Contes et Chansonnettes, 2e édition, 1833, 1 v. in-12.

5. Petit Glossaire, traduction de quelques mots financiers, esquisses de mœurs administratives, 2e édition, 1835, 2 v. in-12.

6. De la création, Essai sur l'origine et la progression des êtres, 1841, 5 v. in-12.

7. Petites solutions de grands mots faisant suite au petit Glossaire

administratif, 1848, 1 v. in-12.

8. Romances, Ballades et Légendes, 1849, 1 v. in-12.

9. Hommes et choses, Alphabet des passions et des sensations, Esquisses de mœurs faisant suite au petit Glossaire, 1851, 4 v. in-12.

10. Emma, ou quelques lettres de femme, 1852, 1 v. in-12.

11. Sujets dramatiques, 1852, 2 v. in-12.

12. Voyage à Constantinople par l'Italie, la Sicile et la Grèce, Retour par la Mer noire, la Roumélie, la Bulgarie, la Bessarabie russe, les provinces Danubiennes, la Hongrie, l'Autriche et la Prusse, en mai, juin, juillet, août 1853, 2 v. in-12, de 1855.

14. Antiquités celtiques et antédiluviennes, Mémoire sur l'Industrie primitive et les arts à leur origine, 1849 et 1857, 2 v. in-8°, avec 106 planches représentant 2100 figures.

2009. ŒUVRES COMPLÈTES DE LAMARTINE, publiées et inédites, Paris, chez l'auteur, 1860 à 1863, 40 v. in-8°, b., a., savoir :

T. 1. Premières, deuxièmes et troisièmes méditations.

T. 2. La mort de Socrate, Le dernier chant du pélérinage d'Harold, Premières harmonies poétiques et religieuses.

T. 3. Secondes harmonies poétiques et religieuses, Contre la peine de mort, Epitre à M. de Lamartine, Réponse de M. Reboul, Ode à M. de Lamartine, Saül (tragédie biblique), Chant du sacre, La chûte du Rhin, Une jeune fille, Réflexion.

T. 4. Jocelyn, épisode, journal trouvé chez un curé de village.

T. 5. Des devoirs civils du curé, Epîtres et poésies diverses, Recueillements poétiques, L'avenir politique en 1837, A M. de Lamartine, sur son voyage en Orient en 1833, par M. Bouchard.

T. 6. 7 et 8. Voyage en Orient, 1832-1833.

T. 9 à 14. Histoire des Girondins.

T. 15. Critique de l'histoire des Girondins.

T. 16. La chûte d'un ange.

T. 17 à 22. Histoire de la Restauration.

T. 23 à 28. Histoire de la Turquie.

T. 29. Les Confidences, Graziella, Nouvelles Confidences.

T. 30. Suite des nouvelles Confidences, Geneviève, histoire d'une ervante.

T. 31. Histoire de la Russie.

T. 32. Toussaint-Louverture (drame), Raphaël, pages de la 20e année, Le tailleur de pierres de Saint-Point.

T. 33. Nouveau voyage en Orient en 1850.

T. 34. Vies de quelques hommes illustres, Homère, Cicéron, César.

T. 35. Vies de quelques hommes illustres, Héloïse, Abélard, Guillaume Tell, Guttemberg, Jeanne d'Arc, Christophe Colomb, Cromwell.

T. 36. Vies de quelques hommes illustres, Milton, Mme de Sévigné, Bossuet, Fénélon, Nelson.

T. 37 à 40. Mémoires politiques.

MÉMOIRES ET ANNALES

DE SOCIÉTÉS SAVANTES.

REVUES POLITIQUES ET LITTÉRAIRES.

2010. Le *Puits Artésien*, revue du Pas-de-Calais, fondée a Saint-Pol, et publiée pendant les années 1837 à 1842, Saint-Pol, imp. de Massias, et Thomas successeur, 6 v. in-8°, r.

2011. Mémoires de l'Académie d'Arras, fondée en 1737 pour l'encouragement des lettres, des sciences et des arts, puis réorganisée en 1817, 6e a 38e vol. inclus, comprenant les années 1823 a 1865.

Au volume 34 est joint un supplément contenant une étude sur les Almanachs d'Artois qui ont paru de 1755 à 1790.

2012. Tables des matières des Mémoires de l'Académie d'Arras, et autres documents, Arras, 1854, 1 v. in-8°, b., contenant les tables des 27 premiers volumes, de 1818 à 1854, Les sujets mis au Concours par l'Académie depuis sa réoganisation en 1817 jusqu'en 1853, La table des pièces de Concours couronnées ou mentionnées honorablement, La table alphabétique des membres résidants et correspondants dont les travaux sont imprimés dans les Mémoires de l'Académie, Travaux qui n'ont pas encore été imprimés (en 1854), Liste par ordre d'ancienneté des Académiciens qui ont été ou sont encore membres résidants de la Société, Liste des Académiciens qui ont été ou sont encore membres honoraires, Liste des Académiciens qui ont été ou sont encore membres correspondants, Documents concernant l'ancienne Académie d'Arras (1737 a 1778).

2013. Ambassade en Espagne et en Portugal, en 1582, de R. P. en Dieu, Dom Jean Sarrazin, Abbé de Saint-Vaast, du Conseil d'Etat de Sa Majesté catholique, son premier conseiller en Artois, etc., par Philippe de Caverel, religieux de Saint-Vaast, Arras, 1860, 1 v. in-8°, b., publié par l'Académie d'Arras.

2014. Observations sur l'Echevinage de la ville d'Arras, par Charles de Wagnicourt, conseiller de la ville, Arras, 1866, 1 v. in-8°, b., portant le n° 4 des documents inédits sur l'Artois, publiés par l'Académie d'Arras.

2015. Discours sur cette question : Quelles sont les institutious de bienfaisance les plus favorables pour recueillir et élever les enfants-trouvés, et quelles améliorations devraient subir à cet égard la législation de 1791 et les lois qui l'ont suivie, par M. Labourt, de Doullens, ouvrage couronné par l'Académie au Concours de 1844, Arras, Jean Degeorge, 1845, 1 v. in-8°, b.

2016. Mémoires de la Société des Antiquaires de la Morinie, St-Omer, Baclé et Légier, libraires. — Années 1833 à 1843. Tome 1er à 6 inclus, format in-8°, b, avec atlas pour les tomes 5 et 6.

2017. Mémoires de la Société d'Emulation d'Abbeville, années 1834, 1835 et années 1841 à 1860 inclus, 6 v. in-8°, b.

2018. Revue du 19° siècle, chronique de Paris, 2° série, années 1839 et 1840, 9 v. in-8°, b, et nouvelle série sous le titre : Revue du siècle, 2 v. de l'année 1841, a.

2019. L'Athenœum français, journal universel de la Littérature, de la Science et des Beaux-Arts, fondé et dirigé par une Société de savants, tome 1er à 5, du 1er juillet 1852 au 1er juillet 1856, 5 v. in-4°, b, g. — (Cette Revue a été réunie à la *Revue Contemporaine* à partir du 1er juillet 1856.)

2020. Revue Contemporaine, du 1er janvier 1856 au 31 décembre 1857, tome 26 à 35 de la 1re série; du 1er janvier 1858 au 31 décembre 1859, tome 1 à 12 de la 2° série; du 1er novembre 1862 au 31 décembre 1864, tome 30 à 42 inclus de la même série. En tout 35 v. in-8°, b, dont partie provient des dons du gouvernement.

2021. Revue Européenne. — Lettres, Sciences, Arts, Voyages, Politique, — du 1er février 1859 au 30 novembre 1861, 18 v. in-8°, b, g.

2022. l'Artiste, Revue de Paris. — Beaux-Arts et Belles-Lettres, — du 1er mars 1846 au 5 mars 1858, tome 6 à 11 de la 4° série; du 12 mars 1848 au 16 février 1856, 5° série, en 16 v.; du 24 février 1856 au 29 mars 1857, 1re série en 3 v.; du 5 avril 1857 au 15 décembre 1860, nouvelle série, tome 1 à 10; en tout 35 v. in-4°, reliés, g.

ENCYCLOPÉDIES.

2023. Encyclopédie ou dictionnaire raisonné des Siences, des Arts et des Métiers, par une Société de gens de lettres, mis en ordre et publié par M. Diderot, et quant à la partie Mathématique, par M. d'Alembert, 3ᵉ édition, Genève et Neufchâtel, 1778, 44 v. in 4°, reliés, y compris 3 v. de planches.

2024. Le Grand Vocabulaire français, par une Société de gens de lettres, contenant :

1° L'Explication de chaque mot considéré dans ses diverses acceptions grammaticales, propres, figurées, synonymes et relatives.

2° Les lois de l'Orthographe ; celles de la Prosodie, ou prononciation tant familière qu'oratoire ; les Principes généraux et particuliers de la grammaire ; les Règles de la versification, et généralement tout ce qui a rapport à l'éloquence et à la poésie.

3° La Géographie ancienne et moderne; le Blason ou l'art héraldique; la Mythologie ; l'Histoire naturelle des animaux, des plantes et des minéraux ; l'Exposé des dogmes de la religion et des faits principaux de l'histoire sacrée, ecclésiastique et profane.

3° Des détails raisonnés et philosophiques sur l'Economie, le Commerce, la Marine, la Politique, la Jurisprudence civile, canonique et bénéficiale, l'Anatomie, la Médecine, la Chirurgie, la Chimie, la Physique, les Mathématiques, la Musique, la Peinture, la Gravure, la Sculpture, l'Architecture, etc., etc., Paris, 1767 à 1774, 30 v. in-4°, r.

2025. Encyclopédie élémentaire, ou introduction à l'étude des Lettres, des Sciences et des Arts, ouvrage utile à la jeunesse et aux personnes de tout âge, enrichi d'amples notices des meilleurs auteurs dans chaque faculté, et orné d'estampes en taille douce; dédiée au roi, par l'abbé Pétity, prédicateur de la Reine, Paris, Hérissant, 1767, 3 v. in-4°, r.

2026. Encyclopédie du 19ᵉ siècle, Répertoire universel des Sciences, des Lettres, et des Arts, avec la Biographie de tous les hommes célèbres, publiée sous la direction de M. Ange de Saint-Priest, précédée de la théorie catholique des sciences, par M. Laurentie, ancien inspecteur général de l'Université, Paris, 1836 à 1853, 26 v. in-8°, r., et la table méthodique avec le tableau général des connaissances humaines.

2027. Encyclopédie portative, ou résumé universel des Sciences, des Lettres et des Arts, en une collection de traités séparés, par une Société de savants et de gens de lettres, sous les auspices de MM. de Barante, de Blainville, Bory de Saint-Vincent, Champollion, Cordier, Cuvier, Depping, Drapiez, C. Dupin, Eyriès de Ferussac, de Gerando, Hachette, Jomard, de Jussieu, Laya, Letronne, Quatremère de Quincy, Thénard et autres savants illustres, et sous la direction de M. Bailly de Merlieux, avocat à Paris, membres de plusieurs Sociétés savantes, Paris, 1830, 25 v., in-8°, reliés, savoir :

Tome 1er. Résumé complet de Météorologie, précédé d'une introduction, historique et accompagné d'une Biographie des hommes les plus célèbres qui ont écrit sur la Météorologie, d'une Bibliographie et d'un Vocabulaire météorologiques, par M. Bailly de Merlieux.

Tome 2. Résumé complet d'hygiène publique et de médecine légale, par M. Léon Simon.

Tome 3. Précis de Dramatique, ou l'art de composer et exécuter les pièces de Théâtre, par M. Viollet-Leduc.

Tome 4. Précis de la science du droit criminel et pénal, par M. Malepeyre, avocat.

Tome 5. Tableau historique des institutions anciennes et du moyen-âge, par M. Malepeyre aîné.

Tome 6. Tableau historique des institutions modernes, par M. Malepeyre aîné.

Tome 7. Tableau historique, analytique et critique des sciences occultes, par Ferdinand Denis.

Tome 8. Traité de la composition et de l'exécution des jardins d'ornement, par MM. Chopin et Soulange-Bodin.

Tome 9. Résumé complet de mécanique et de la science des machines, par MM. Thomas Young et Hachette.

Tome 10. Tableau historique des sciences philosophiques et morales, depuis leur origine jusqu'à nos jours, par M. Perron.

Tome 11. Résumé complet de la physiologie de l'homme, par M. Laurencet, de Lyon.

Tome 12. Manuel complet du magnanier, ou l'art d'élever les vers-à-soie et de cultiver le mûrier, par M. Deby.

Tome 13. Tableau historique de l'industrie et du commerce, par J. Odolant-Desnos.

Tome 14. Précis d'un traité de poétique et de versification, par M. Viollet-Leduc.

Tome 15. Anthropographie ou résumé d'anatomie du corps humain, orné de planches, par M. Meyraux.

Tome 16. Précis de la science du droit naturel et du droit des gens, par M. Malepeyre, avocat.

Tome 17. Précis d'un traité de peinture, par M. Delecluze.

Tome 18. Précis de minéralogie moderne, 1re partie, structure, nature et propriété des minéraux, par J. Odolant-Desnos.

Tome 19. Même sujet, 2e partie, classification, description et histoire naturelle des animaux, par le même auteur.

Tome 20. Résumé complet d'hygiène privée, par MM. Meirieu et Léon Simon.

Tome 21. Résumé complet de botanique, orné de planches, par M. Lamouroux, — anatomie et glossologie végétales, taxonomie ou exposé des systèmes et des méthodes de classification.

Tome 22. Botanique (suite), — physiologie végétale, pathologie végétale, géographie botanique.

Tome 23. Précis de Rhétorique positive, par M. Choppin d'Arnouville, avocat.

Tome 24. Précis d'éloquence et d'art oratoire, par M. V. Parisot.

Tome 25. Résumé complet de chronologie générale et spéciale, par M. Champollion-Figeac.

2028. Enseignement élémentaire universel ou encyclopédie de la jeunesse, illustré de 400 gravures servant d'explication au texte, par MM. Andrieux de Brioude, Louis Baudet, et une société de savants et de gens de lettres, — grammaire, langue française, littérature, rhétorique, poésie, éloquence, philologie, arithmétique, algèbre, géométrie et arpentage, mécanique, physique, chimie, récréations scientifiques, astronomie, météorologie, histoire naturelle en général, géologie et minéralogie, botanique, zoologie, anatomie et physiologie, hygiène, médecine et chirurgie, géographie, histoire, biographie, archéologie, numismatique, blason, religion, philosophie, mythologie, sciences occultes, législation, du gouvernement et de ses formes, industrie et économie publique, agriculture et horticulture, art militaire, marine, imprimerie, musique, dessin, peinture, sculpture, gravure et lithographie, architecture, éducation, réflexions sur le choix d'un état, Paris, Dubochet, Le Chevalier et Cie, éditeurs, 1845, 1 fort v. in-12 de 860 pages, broché, g.

2029. Instruction pour le peuple, cent traités sur les connaissances les plus indispensables ; ouvrage entièrement neuf, avec des gravures intercallées dans le texte, par une Société de savants, Paris, Dubochet et Cie, 1848, 2 v. in-8°, b., g, savoir :

Tome 1er contenant : Sciences mathématiques et Sciences physiques, 14 traités; Sciences naturelles et médicales, 14; Histoire, Géographie et Statistique, 15; Religion et Morale, 5; Législation et Administration, 2 traités.

Tome 2. Législation, Administration (suite), 8 traités; Education et Littérature, 4 traités; Beaux-Arts, 6; Agriculture, 16; Industrie, 12; Economie, 9 traités; terminé par une table générale.

2030. Dictionnaire universel d'Histoire et de Géographie, par M. Bouillet, contenant:

1° L'Histoire proprement dite ; 2° la Biographie universelle ; 3° la Mythologie ; 4° la Géographie ancienne et moderne, 14e édition avec supplément, Paris, Hachette, 1858, 1 fort v. in-8°, r., a.

2031. Dictionnaire universel des Sciences, des Lettres et des Arts, par M. Bouillet, contenant :

Pour les sciences : 1° Les Sciences métaphysiques et morales ; 2° les Sciences mathématiques; 3° les Sciences physiques et les Sciences naturelles; 4° les Sciences médicales ; 5° les Sciences occultes.

Pour les lettres : 1° La Grammaire; 2° la Rhétorique; 3° la Poétique; 4° les Etudes historiques.

Pour les arts : 1° Les Beaux-Arts et les Arts d'agrément; 2° les Arts utiles, — 3° édition, Paris, Hachette, 1857, 1 fort v. in-8°, r., a.

BIBLIOGRAPHIE.

2032. Rapport au ministre de l'Instruction publique, sur les bibliothèques et archives des départements du Sud-Ouest, de la France, août et septembre 1835, par M. Michelet, Paris, 1836, br. in-8°.

2033. Constitution des archives communales, par M. Morand, 1838, 1 v. in-12, b.

2034. Rapport au roi sur les archives communales et départementales, 1841, 1 v. in-4°, b., g.

2035. Recherches sur les premiers actes publics rédigés en français, par le Dr Leglay, archiviste du département du Nord, Lille, Danel, 1837, br. in-12, g.

2036. Dictionnaire portatif de bibliographie, par Fournier, Paris, Fournier frères, 1805, 1 v. in-8°, b., imprimé sur 2 colonnes, contenant plus de 17,000 articles de livres.

2037. Dictionnaire des ouvrages anonymes, pseudonymes, composés, traduits ou publiés en latin et en français avec les noms des auteurs, traducteurs, éditeurs, par M. Barbier, Paris, 1822 à 1827, 4 v. in-8°, r.

2038. La bibliothèque impériale, son organisation, son catalogue par un bibliophile, M. Alfred Franklin, Paris, 1861, 1 v. in-18, b.

2039. Bibliographie des Mazarinades, publiée pour la Société de l'histoire de France, par Moreau, Paris, 1850, in-8°, b., g., 1er et 2e v.

2040. Plan d'une bibliothèque universelle, par Aimé Martin, Paris, Desrez, éditeur, 1837, 1 v. in-8°, b., a.

2041. Archives des anciens comtes d'Artois, par M. Godefroy, de Lille, Valenciennes, Prignet, 1837, br. de 16 pages tirée seulement à 25 exemplaires.

2042. Mémoires sur les bibliothèques publiques et sur les principales bibliothèques particulières du département du Nord, par M. Leglay, Lille, 1841, 1 v. in-8°, b.

2043. Table chronologique et analytique des archives de la mairie de

Douai, depuis le 11e jusqu'au 18e siècle, par Pilate-Prévost, Douai, 1842, 1 v. in-8°, b.

2044. Catalogue des manuscrits de la bibliothèque d'Arras, Arras, 1860, 1 v. in-8°, b.

2045. Notice sur un manuscrit de la bibliothèque d'Arras, par M. le comte d'Héricourt, br. in-8°.

2046. Notice historique sur la bibliothèque publique de la ville de St-Omer, par M. Piers, Lille, 1840, br. in-8° de 56 pages.

2047. Description des manuscrits de la bibliothèque de Saint-Omer, 2e extrait du catalogue inédit par M. Piers, 1837, br. in-8° de 16 pages.

2048. Catalogue méthodique des livres imprimés de la bibliothèque de la ville de Boulogne-sur-Mer, dressé par M. Gérard, bibliothécaire et imprimé par M. Leroy-Mabille, Boulogne, 1865, 4 v. in-8°, b., comprenant ensemble 11,497 articles, jusqu'au mois de juillet 1862.

2049. Catalogue méthodique et raisonné des manuscrits de la bibliothèque de la ville et de l'université de Gand, par le baron Jules de Saint-Genois, professeur bibliothécaire à l'Université de Gand en 1849-1852, 1 v. in-8°, b.

2050. Collection de catalogues de diverses librairies de Paris et de Lille.

PLANS, CARTES,

ATLAS GÉOGRAPHIQUES. — GRAVURES et LITHOGRAPHIES.

1. Les routes d'Ogilby par l'Angleterre, 101 cartes, par Sennex, Paris, Lerouge, 1759, petit in-4°.

2. Nouvel atlas de la généralité de Paris, par Ch. Desnos, Paris, 1662, un frontispice gravé, encadrements ouvragés et gravés, rélié en parchemin.

3. Atlas de la Pologne, divisée par provinces et palatinats, subdivisée par districts, par J.-A.-B. Rizzi Zannoni, 1772, avec une vue et un plan de Varsovie, en 22 grandes feuilles et 2 de frontispice.

4. Abrégé de la carte générale du militaire de France, sur terre et sur mer, par Leman de la Jaisse, Paris, 1738, petit in-8°.

5. Les principales cartes marines, collection de 67 cartes.

6. *Græciæ antiquæ tabula nova*, édité par Dezauche, *auctore Guillelmo* Delisle, 1780.

7. *Græciæ pars septentrionalis, auctore Guillelmo* Delisle, même éditeur.

8. Carte des anciens empires et des grandes monarchies, partie occidentale, 1828, éditée par Dezauche, même auteur.

9. Carte des anciens empires et des grandes monarchies, partie orientale, par le même auteur, XVII *Provinciarum inferioris Germaniæ.*

10. Carte de la Terre Sainte et des douze tribus d'Israël, mêmes auteur et éditeur, 1828.

11. Carte de la Hongrie, même auteur, 1703.

12. Mappemonde en deux hémisphères, dressée par A. Toussaint.

13. Atlas céleste de Flamsteed, publié en 1776, par Fortin, 3° édition revue par Lalande et Méchain, Paris, 1795, in-8°.

14. Etude des gîtes houillers et métallifères du Boçage vendéen, atlas in-f°.

15. Trois petites mappemondes et une carte de la mer des Indes.

16. Atlas de géographie ancienne, du moyen-âge et moderne, in-4°.

17. Cartes : 1° de l'Europe, avec une notice historique sur chaque pays ;

2° De France, par provinces et départements ;

3° De Paris et de ses environs ;

4° D'Afrique ;

5° De l'Afrique française ;

6° De l'Algérie ;

7° De l'Orient ;

8° De l'Espagne et du Portugal.

Ces 8 cartes sont réunies en un seul volume.

18. Mappemonde hydrographique ou atlas des mers qui occupent la surface du globe, contenant leur description, particulièrement dans leur voisinage de la terre ferme, 1 v. gr. in-f°.

19. Carte physique de l'Océan, où l'on voit de grandes chaines de montagnes qui traversent l'Europe, l'Afrique et l'Amérique, tous les terrains inclinés vers cette mer et les fleuves qui s'y rendent, dressée par Philippe Buache, en 1744.

20. Carte géographique et physique du bassin terrestre de la Seine, contenant toutes les rivières dont les eaux se rendent à la mer par ce fleuve, dressée par Philippe Buache, en 1770.

21. Carte des lieux, ou des différentes longueurs du pendule à secondes, comprenant les observations faites depuis 1670 jusqu'en 1737, à Paris, en Amérique et en Laponie, dressée par Philippe Buache, en 1740.

22. Carte de l'île Taïti, par le lieutenant J. Cook, en 1769.

23. Carte générale du théâtre de la guerre en Italie, sous le général Bonaparte, en 24 feuilles.

24. Atlas intitulé : Souvenirs de Waterloo.

25. Carte de la ville de Rocroy.

26. Carte d'Artois et des environs ou l'on voit le ressort du Conseil provincial d'Artois, par Guillaume Delisle, 1711.

27. Carte du département du Pas-de-Calais, avec statistique de ce département.

28. Plan de la ville de Thérouanne en 1553, époque où elle a été rasée.

29. Plan de la ville et du fort d'Aire, par M. le Ch⁰ʳ Lhuillier, 1720.

30. Plan de la ville d'Hesdin.

31. Plan de la ville d'Hesdin, assiégée par le maréchal de la Meilleraye·

32. Plan de la ville et de l'abbaye de Marchiennes, en 1635, copie publiée par la *Revue Cambraisienne*.

33. Plan des opérations du siége de la citadelle d'Anvers, le 22 décembre 1832.

34. Tableau des opérations du siége de Cambrai, en 1695.

35. Plan de la citadelle d'Arras.

36. Carte du comté de Saint-Pol, pour servir à l'histoire des comtes et du comté de Saint-Pol, par Ern. Sauvage.

37. Carte iconographique de la ville de Saint-Pol et de ses environs.

38. Plan de l'ancienne ville de Saint-Pol, copie faite à la main.

39. Plan du projet de canal de réunion de la rivière de Scarpe à la rivière de Canche, par Branquart, arpenteur juré.

40. Tracé des chemins de fer dans le Nord de la France, Système général et ensemble du système proposé par le Dʳ B. Danvin, de Saint-Pol.

41. Plans de géométrie sur 20 cartes.

42. Plans et profils des principales villes de la Picardie, atlas in-12, cartonné, ouvrage très-ancien.

43. Plan général des clôtures anciennes et modernes de la ville de Paris, depuis son existence historique jusqu'à nos jours, par N. M. 1821.

44. Plan de Paris, par Thʳᵉ Jacobert, architecte.

45. Château de Marly-le-Roi, construit en 1676, détruit en 1798, avec texte, par M. Guillaumot, Paris, 1865, in-f°, g.

46. Thermes de Luxeuil, dans la Haute-Saône, en cours de publication, g.

47. Gravure d'un grand format ayant pour titre : Philosophie morale.

48. Portrait lithographié du P. Nicolas Caussin, de la Cie de Jésus.

49. Tableau représentant le Monument élevé en l'honneur du maréchal Mortier, duc de Trévise, à Cateau-Cambrésis, inauguré le 16 septembre 1838.

50. Gravure représentant la chapelle de Notre-Dame-des-Affligés à Valenciennes, publiée par la *Revue Cambraisienne*.

51. 11 gravures publiées par la même revue, ayant pour titres : Le Quatuor, La main chaude, Gaston de Foix, Restes de l'ancienne Abbaye de Saint-Amand-les-Eaux, Consolation, Le bon ton, Décembre, Janvier, Février, Mars, Avril.

52. Frontispice de l'Ouvrage de Jean-François Le Petit, qui représente les trophées de la Guerre, des Arts et du Commerce, et la Hollande sous la figure d'une reine, dans le port de Dordrecht.

53. Portrait fait en traits de plume, par Lepine, calligraphe de Saint-Omer, breveté par le Roi le 8 août 1834.

54. Tentation de Saint-Antoine, 2 estampes.

55. Frontispice d'un ouvrage intitulé : les Conseils de la Sagesse.

56. Saint-Marc, gravure où il est figuré des deux côtés.

57. La colonne nationale.

58. L'arc de triomphe de l'Etoile.

59. Gravure représentant les 8 époques de Napoléon 1er.

60. Portrait gravé de l'abbé Hanon (de St-Pol), supérieur général des Lazaristes.

TABLE DES MATIÈRES.

Saint-Pol. — Imprimérie et Librairie de F. Becquart, rue de Béthune, n° 11.